KB161918

TEACHING THE ENGLISH

1 기초편

TO 글로벌 태권도 사범을 위한 영어교수법

GLOBAL TAEKWONDO

TEACHING THE ENGLISH

1 기초편

TO 글로벌 태권도 사범을 위한 영어교수법

GLOBAL

지칠규 지음

TAEKWONDO

이담 Books

한국의 태권도는 지난 60여 년 동안 전 세계에 태권도 수련인구를 6,000만 명으로 늘리면서 전 세계 180여 개국에 전파되었고 누구도 부인할 수 없는, 한국을 상징하는 강력한 아이콘으로 자리 잡았습니다. 한국에서는 전문대 졸업생들까지 합치면 매년 태권도학과를 졸업하는 졸업생들이 2,000여 명 이상에 육박하고 있습니다.

그리고 태권도학과 졸업생들은 젊음과 패기를 무기로 해외로 진출하고 있지만 정작 가장 필요한 언어인 영어가 되지 않아서 도중에 좌절하고 해외진출의 꿈을 접는 슬픈 현실을 보면서 필자는 너무나 안타깝게 느끼곤 했습니다.

태권도가 이렇게 5대양 6대주로 뻗어 나가면서 전 지구촌 구석에 자리를 잡았지만 정작 우리는 국내에 수많은 태권도학과를 만들고도 태권도를 영어로 지도할 수 있는 제대로 된 태권도 영어 지도 프로그램을 개발하는 데는 너무 소홀히 했던 것은 아닌지 자문하고 싶습니다.

그래서 제대로 된 '도장 영어'를 집필해서 좌절하고 절망하는 청춘들의 갈증을 해소하자는 것이 이 책을 집필한 첫 번째 동기였습니다. 둘째는 영어라는 수단을 통해서 국내의 태권도장을 한 단계 업그레이드시켜서 적은 인원으로도 얼마든지 고수익을 창출시킬 수 있는 프리미엄급 태권도 도장을 만드는 데 일조해야겠다는 생각에서였습니다.

현재 한국의 도장들은 초등학교 학생들이 줄어들고 있는 상황에서 저마다 위기의식을 느끼고 있지만 고객인 학부형들을 사로잡을 뾰족한 핵심프로그램을 도출해내지 못하고 있는 것이 현실입니다.

우리나라에서 영어 사교육비에 투자하는 돈은 매년 21조라고 합니다. 그런데도 아직도 지구상에서 영어를 가장 못하는 나라 1, 2위를 다투고 있습니다. 그래서 방학이면 비싼 돈 들여가며 해외 어학연수를 다녀오지만 결과는 영 신통치 않습니다.

영어가 공용어가 아닌 핀란드나 스웨덴은 고등학교만 졸업해도 10명 중 9명이 영어를 잘하는 영어 강국이 되었습니다. 그렇다면 그들이 영어를 잘하게 된 비결은 무엇일까요? 그 비결은 지극히 단순합니다.

전신반응 교수법(TPR)을 도입해서 몸으로 움직이면서 즐겁게 영어를 배우게 하고, 날마다 영어를 쓸 수 있는 환경을 만들어 주어 자신이 배운 것을 그때그때 써먹어 볼 수 있고 성취감과 자신감을 느낄 수 있도록 정부가 나서서 영어 교육 시스템을 만들어 준 것입니다.

결국 날마다 영어를 쓸 수 있는 환경을 만들어 주고 기존처럼 교실에 가만히 앉아서 영어를 듣는 것이 아니라 몸을 움직여 가면서 상황에 맞는 영어를 배우는 전신반응 교수법(TPR)에 가장 적절한 장소를 선택해서 날마다 아이들이 영어를 듣고 말할 수 있는 환경을 만들어 주면 우리나라도 그들처럼 영어를 잘할 수 있다는 결론에 도달합니다.

그렇다면 한국에서 이러한 환경을 만들 수 있는 적합한 장소는 어디일까요? 영어학원일까요? 아닙니다. 영어 학원은 교실에 가만히 앉아서 가르칠 뿐 Activity를 통해서 몸으로 영어를 익히게 하는 데는 적합하지 않습니다. 오히려 사범의 지시에 의해 몸동작을 배우는 태권도 도장이 훨씬 더 영어를 익히는 데 적합하다고 생각합니다.

필자가 제대로 된 태권도 영어 지도서를 쓰겠다고 마음먹은 지가 벌써 5년이란 세월이 훌쩍 지나가고 말았습니다. 마음은 급했지만 그동안 태권도 영어를 일선 도장에서 적용해 보면서 검증을 거치는 기간 때문에 많은 시간이 흐를 수밖에 없었습니다.

이 책에 소개한 영어 문장들은 그동안 일선 태권도 도장 다섯 군데서 3년 이상을 적용해 보고 검증해 보면서, 불필요한 것은 버리고 외국에 진출했을 때는 물론 가장 한국적인 상황에 맞는 필요한 'essence(정수) 무도 영어'만을 뽑아서 만들어 낸 것입니다.

그리고 1형식부터 5형식 영어 문장들을 무조건 외우는 것이 아니라 스스로 영어문장을 만드는 개념과 원리를 익혀서 스스로 응용하여 문장을 만드는 쾌감과 성취감을 느끼도록 하는 데 중점을 두어서 책을 엮으려고 노력했습니다.

영어 전문가들의 주장에 의하면, 외국에서 살아남기 위해 반드시 배워야 할 생존영어 (Survival English)의 패턴은 200여 개 정도입니다. 미국 일상생활에서 가장 많이 사용하는 영어 문장 패턴은 233개 정도입니다. 이것을 모르면 외국에 나가서 살아남지 못합니다.

그러므로 이 책은 태권도를 가르치는 데 필요한 태권도 영어뿐만 아니라 원어민들이 일상생활 속에서 가장 자주 쓰는 영어 문장 패턴들도 동시에 학습할 수 있도록 구성하였습니다.

영어는 하루아침에 정복할 수 없습니다. 날마다 습관적으로 듣고 쓰다 보면 가랑비에 옷 젖듯이 자연스럽게 말할 수 있습니다. 영어를 정복하는 방법은 수만 번의 반복훈련을 통해서 운동신경을 늘려 나가는 태권도 훈련과 똑같습니다.

태권도를 눈으로 보고 익힐 수 없듯이 영어 또한 눈으로 보고 익히는 것만으로는 부족합니다. 그래서 www.쿠데타잉글리쉬.com에서 MP3로 다운받아 언제나 편리하게 들을 수 있도록 하였습니다.

영어를 잘하려면 머리와 눈으로 이해하고 깨닫는 것만으로는 부족합니다. 개념과 원리를 이해한 다음에는 원어민 발음에 따라 소리 내어 읽고 자신의 발음이 명확히 들리도록 하는 반복적인 훈련만이 큰 성과를 가져올 것입니다.

한국에서 영어는 이제는 선택이 아닌 필수가 되었습니다. 지구촌 10억 명이 쓰고 있고 앞으로 10년 후면 전 세계 인구 중 30억 명이 영어를 쓰는 시대가 도래한다고 합니다.

21세기를 살아가는 무도인들에게 영어는 이제 능력이 아니라 자신의 꿈을 펼치기 위한 핵무기가 되어 가고 있습니다. 눈을 들어 바깥을 보십시오. 영어라는 핵무기 하나만 탑재하면 세계는 너무나 넓고 우리가 할 수 있는 일은 너무나 많습니다.

국내에서 태권도 영어라는 고급프로그램을 적용해서 자신의 도장을 진정한 그 지역의 프리미엄 도장으로 키워 보고 싶은 꿈을 가지고 있는 사람들이나 해외로 나가 태권도 시장을 개척하여 미래의 진취적인 태권도 지도자가 되고 싶은 이들에게 이 책이 많은 도움이 되기를 간절히 기원하겠습니다.

　이 책으로 공부하면서 영어라는 장애물에 막혀 접어야 했던 여러분들의 원대한 꿈들을 다시 한 번 그려 보십시오. '대지자 불기망(大志者 不棄忘)'이라는 말이 있습니다. 큰 뜻을 품은 사람은 결코 희망을 버리지 않는다는 의미입니다. 여러분이 꿈꾸는 한 그 꿈은 반드시 이루어집니다(Dreams come true).

　감사합니다.

2011년 7월

국제 무도(武道) 지도자 영어 연수원 원장
流水 지칠규

:: Contents

■ 태권도 도장은 영어를 배우는 데 왜 최적의 장소인가?

영어 전문가들이 강조하는 영어를 잘하는 비결은 다음과 같다.

◙ 자신이 관심 있는 분야의 영어를 먼저 공부해라.

영어를 보다 빠르고 효과적으로 익히는 방법은 우선 자신의 관심분야를 학습함으로써 영어를 자신의 것으로 만드는 것이다.

이는 동기유발 학습이론(Motivational Learning Theory)에 바탕을 둔 이론으로 외국어의 습득 속도는 학습자의 학습동기와 정비례하므로 본인의 관심과 직결된 분야일수록 언어를 쉽게 습득할 수가 있다.

그러므로 자신이 관심 있고 익숙한 상태의 학습부터 시작해서 점차 그 영역을 넓혀가야 한다. 예를 들면 골프를 전공한 학생은 자신이 항상 써먹을 수 있는 골프영어부터, 축구를 전공한 학생은 축구영어를 익히고, 태권도나 검도를 전공한 학생은 태권도 영어와 검도 영어를 익히고 나서 다른 영역으로 확대해 나가는 것이 가장 효과적인 영어습득의 지름길이다.

다시 말해 주부가 써먹지도 못할 어려운 경제영어를 익히는 것보다는 집에서 살림하고 쇼핑하고 아이들을 타이르고 훈계하는 회화부터 배우게 되면 날마다 당장 바로 써먹을 수 있기 때문에 집중도와 흥미도가 높아질 수밖에 없는 것과 똑같은 이치이다.

▣ 주위의 영어 학습 환경을 최대한 조성하고 이용해라.

미국서 10년을 살아도 한국인끼리 어울린다면 영어가 늘지 않는다. 그러나 국내에서 공부하더라도 본인의 결심에 따라 영어를 익힐 환경은 얼마든지 만들 수 있다.

자신이 배운 것을 당장 써먹을 수 있는 환경이 조성되고 그 속에서 자신이 자신 있게 말할 수 있다면 영어에 대한 두려움은 사라지고 자신감이 충만하게 된다. 인터넷이나 해외방송보다도 더 파괴력 있는 환경은 자신이 관심 있는 분야에서 항상 365일 동안 영어로 말하고 영어로 듣는 환경 속에서 생활하는 것이다.

왜냐하면 영어는 언어이고 이해하는 과목이 아니라 원리를 익힌 다음에는 수백 번 또는 수천 번씩 듣고 따라서 입으로 말을 해 보아야만 자연스럽게 입 밖으로 나오기 때문이다.

영어는 언어이기 때문에 노출시간과 학습 동기부여에 따라 실력 향상의 차이가 크다. 초등 저학년부터 매일 일정량의 영어를 접하게 함으로써 영어에 노출되는 시간을 지속적으로 늘려서 영어와 친해져야 말하기, 쓰기도 척척 할 수 있는 것이다.

국가영어능력평가시험인 NEAT(National English Ability Test) 역시 말하기나 쓰기 표준화된 모델을 만들어 국가 수준에서 말하기 쓰기 능력시험을 시행해서 실질적인 영어 능력을 향상시키겠다는 것이 특징이다.

▣ 기본적인 생활 영어를 도장에서도 항상 사용하는 환경을 구축하면 자신이 왜 무엇 때문에 영어를 배워야 하는지에 대한 사고체계가 정립되고 더 많은 표현을 자유롭게 하기 위해서 노력하게 된다.

도장에서 지도자들이 아이들에게 날마다 말해주는 영어 300개 문장 정도만 어렸을 때부터 지속적으로 알아듣고 말하는 것이 습관화되기만 하여도 내면에 자신감이 형성되어 외국에 나가서 생활하는 것이 두렵지 않게 된다. 이러한 자신감은 외국어를 배우는 데 있어서 가장 결정적인 역할을 한다.

언어의 본질은 서로 생각과 의견을 말이나 글로 표현하는 의사소통이다. 우리나라의 영어 교육은 그 본질을 제대로 파고들지 못했다. 문법을 위한 문법이 아닌 의사소통을 위한 문법 학습이 필요하다.

도장은 몸으로 움직이면서 운동을 익히는 장소로서 지도자가 영어로 말하는 것을 눈치로 알아듣고 즉각적으로 행동으로 옮기면서 몸으로 영어를 배울 수 있는 최적의 장소이다.

지금까지 한국의 영어 교육은 책상에 가만히 앉아서 수동적으로 억지로 배우는 영어 환경만이 구축되어 있어서 영어 학습자들에게 지속적인 흥미와 동기부여를 주는 데 별다른 효과가 없었다.

영어 선진국들의 경우에는 대부분 영어를 배울 때 행동으로 옮기는 Activity를 통해서 익히게 함으로써 학습자들이 게임을 배우듯이 스트레스를 전혀 받지 않고 공부하는 환경을 제공한다.

학원에서 영어를 배워도 당장 써먹을 수 없는 교육적 환경이 지속되면 아이들은 영어를 수동적으로만 억지로 익힐 뿐 성취감이나 동기부여를 전혀 느낄 수가 없는 것이다. 영어를 배워서 어떻게 사용하는가를 알면 영어를 왜 배워야 하는지를 스스로 깨닫게 된다. 그러므로 영어를 왜 배워야 하는지를 스스로 느끼면 자기 스스로 영어를 공부하는 자기주도적인 영어 학습관이 몸에 배게 된다.

따라서 도장에서 능동적으로 움직이면서 몸으로 익히는 영어는 아이들에게 지금까지 느껴보지 못했던 전혀 색다른 성취감을 느끼게 해주고 동기부여를 제공해 주는 데 최적의 환경으로서 손색이 없다.

뿐만 아니라 지금까지 영어 학자들이 개발한 가장 효과적인 영어 회화 교수법들인 전신반응 교수법과 활동중심 접근법, 영어 게임지도 교수법을 적용하기에도 가장 적합한 장소가 도장인 것이다.

이러한 교수법들의 교육적 효과를 살펴보면 다음과 같다.

■ 전신반응 교수법(Total Physical Response: TPR)

1. 의의 및 특징

전신반응 교수법은 1950년대에 James Asher가 창안한 교수법으로, 언어 학습을 신체의 움직임과 연관하여 효과를 보고자 하는 방법으로서 다양한 언어 이론 및 학습 이론들을 바탕으로 한다.

2. 원리

1) 듣기 능력은 말하기보다 훨씬 먼저 발달한다. 따라서 말하기 기능을 길러주기 전에 듣기 능력을 통해 이해하는 능력을 길러야 한다.

2) 성인은 아동들에게 무수한 명령어를 통해 아동의 행동을 만들어 나간다. 아동은 성인의 이러한 명령에 6개월 후에야 답할 수 있다.

3) 발화는 자연스럽게 나타나는 것이지 강요하여 나타나는 것이 아니다. 즉, 아동들이 발화하기까지는 일정한 침묵기(silent period)를 거쳐야 한다.

4) 언어를 학습할 때 신체 활동과 관련지으면 기억에 도움이 된다. 특히, 이 방법은 뇌의 우반구를 활용하게 하는 효과가 있다. 즉, 교사가 연속된 행동을 명령함으로써(action sequence) 아동들은 이에 대해 사고하면서 행동으로 반응하게 된다.

5) 학습자의 긴장감을 해소해야 한다. 즉, 이 교수법에서는 학습자가 긍정적인 정서 아래서 언어 학습을 하기 때문에 스트레스를 줄이고 성공감을 부여한다.

6) 언어 자료를 통째로 학습하게 한다. 즉, 구조주의 언어학을 기저로 하고 있는 청화식 교수법이 요구하는 것처럼 언어를 음운, 단어, 문장 등의 세부적인 요소로 구분·분석하여 학습하지 않고, 주고받는 언어 단위 그대로의 의미 이해에 강조점을 둔다.

3. 수업 절차

1) 교사가 간단한 명령을 내리면서 행동을 보인다.
2) 서너 명의 아동을 지명하여 앞으로 나오게 한 후, 교사가 함께 행동한다.
3) 전체 아동을 대상으로 명령을 하면 아동들은 행동한다.
4) 속도를 빠르게 하여 명령을 내린다.
5) 명령의 순서를 바꾸거나, 새로운 어휘를 넣어 명령을 내리고 행동하게 한다.
6) 명령을 이용한 게임을 한다.
7) 명령을 내리는 자와 행동을 하는 사람의 역할을 바꾸어 행동을 한다.

4. 활동자료

1) 자료 1

숫자를 가리켜라. Point to the number.

나에게 네 손가락을 보여줘라. Show me four fingers.

5가 보이는 그림을 가리켜라. Point to the picture that shows five.

빨간 무늬 8을 가리켜라. Point to eight red rods.

마이너스 표시를 나에게 보여줘라. Show me the minus sign.

가장 가까운 책상을 가리켜라. Point to the nearest desk.

네 옆에 수련생을 가리켜라. Point to the student beside you.

벌을 가리켜라. Point to the bee.

캥거루를 가리켜라. Point to the kangaroo.

2) 자료 2

일어서라. Stand up.

창문으로 가라. Go to the window.

창밖을 내다봐라. Look out of the window.

창문에서 상체를 내밀다. Lean out of the window.

의자에서 상체를 뒤로 젖히다. Lean back in a chair.

벽에 기대라. Lean against wall.

벽에 기대지 마라. Lean off the wall.

의자에 기대지 마라. Lean off the chair.

머리를 앞으로 기울이다. Lean your head forward.

죽도를 벽에 기대 세우다. Lean your bamboo stick against wall.

창문을 열어라. Open the window.

이리 와라. Come here.

네 자리로 돌아가라. Go back to your place.

앉아라. Sit down.

▣ 활동중심 접근법(Activity Based Approach)

1. 의의

1) 활동중심 접근법은 실제적인 내용을 가르치고자 하는 언어로 학습함으로써 실재적인 언어를 학습시키고자 하는 방법이다.
2) 영어권 사용 국가의 초등학교 수준에서 활동중심 혹은 내용중심 방법(Content Based Approach)으로 광범위하게 사용되고 있다.

2. 특징

1) 학생들이 자기들이 하고 있는 것에 대해 긍정적인 태도를 갖고 있거나, 흥미와 의욕이 높을 때 학습 효과가 높다(Gardner & Lambert, 1972).
2) 각 단원에서 학습하는 언어 내용이 타 교과에서 다루고 있거나, 학생들의 흥미와 관심을 유도할 수 있는 활동이어서 학생들은 주어진 활동을 완수하기 위해 언어를 무의식적으로 사용하게 된다.
3) Krashen(1983)이 주장하는 것처럼 언어를 의식적으로 학습(learning)하는 것이 아니라 무의식적으로 습득(acquisition)하는 효과가 있다.
4) 다양한 활동을 하면서 여러 형태의 언어에 노출되는 효과가 있어 풍부한 언어적 환경(a rich linguistic environment)에 놓이게 되는 장점과 언어를 실제 사용해 보는(language use) 기회가 증대되는 효과가 있다.

▣ 영어 게임지도 교수법

지도자는 게임, 챈트, 역할극 등을 통해 수련생들을 재미있게 지도한다.

1. 게임의 효과는 다음과 같다.

   1) 게임은 학생들의 학습동기를 유발한다.

   2) 게임에는 불확실성의 요소가 있어서 학생의 주위를 집중시키며 재미가 있다.

   3) 학습의 부담감을 줄여준다.

   4) 협동심을 기를 수 있다.

   5) 학생들로 하여금 게임을 통한 학습활동에 적극적으로 참여하게 한다.

2. 게임의 예: Picture and Sounds, 말 이어가기 게임, 속삭이기 게임, 빙고게임, RPS 게임, 미트 발차기 게임, 동물 소리맞추기, Speed 퀴즈, Body Language로 단어 표현하기, Team Project, Mentor가 하급자 교육시키기. 수련생이 지도자 인간 로봇 만들기, 체육관 사물 빨리 가져오기

   필자의 경험에 의하면 이 3가지 영어 교수법 중에서 도장에 적용하기에 가장 효과적인 영어 교수법은 전신반응 교수법이다.

   전신반응 교수법은 지시하는 사람의 말을 듣고 신체활동을 통해 언어를 가르치기 위한 것으로서, 자연스러운 언어 습득이 목적이기 때문에 듣기 기능을 강조한 후 자연스럽게 입에서 영어가 발화되도록 언어적 환경을 유지하는 것이 이 교수법의 특징이기 때문이다.

3. 전신반응 교수법의 특징은 다음과 같다.

   1) 사범의 명령에 따라 말에 대한 이해를 바탕으로 실제로 학생들이 움직여 행동함으로써 듣기에 대한 집중력을 기를 수 있다.

   2) 언어에 대한 이해를 동작으로 표현함으로써 자기의 성취를 직접 행동으로 확인할 수 있어 학습강화의 효과가 있다.

   3) 직접 행동하고 만져보며 이루어진 학습이기 때문에 기억과 회상이 용이해서 오랫동안 기억할 수 있다.

   4) 학습자의 긴장감을 해소하고 학습을 용이하게 하며 학습의 흥미를 느끼게 할 수 있다.

5) 수련생 상호 간에 이 게임처럼 연습시키면 표현력과 듣기 연습과 이해 연습이 동시에 이루어진다.

4. 그리고 전신반응 교수법의 구체적인 진행방법을 좀 더 구체적으로 살펴보면 다음과 같다.

1) 전신반응 교수법 실례 1

Instructor: Now, when I give a command, do the opposite.

So, if I say "Don't jump", then you should jump.

(내가 명령을 하면 반대로 해라.

그래서 내가 "점프하지 마라"라고 말하면 그때 너는 점프해야 한다.)

Instructor: Don't stand up. (일어서지 마라.)

Students: (일어선다.)

Instructor: Don't raise your hands. (손을 위로 올리지 마라.)

Students: (손을 위로 올린다.)

Instructor: Now, when I give a command, do the opposite.

(내가 명령을 하면 반대로 해라.)

2) 전신반응 교수법 실례 2

엄마가 말한다. 눈을 떠라. Mama says, Open your eyes.

엄마가 말한다. 코를 만지지 마라. Mama says, Don't touch your nose.

엄마가 말한다. 앉아라. Mama says, Sit down.

엄마가 말한다. 천장을 보고 누워라. Mama says, Lie on your back.

엄마가 말한다. 다리를 벌려라. Mama says, Open your legs wide.

엄마가 말한다. 다리를 모아라. Mama says, Feet together.

엄마가 말한다. 네 손을 머리 위에 놓아라. Mama says, Put your hands on your head.

3) 전신반응 교수법 실례 3

숫자를 가리켜라. Point to the number.

나에게 네 손가락을 보여줘라. Show me four fingers.

5가 보이는 그림을 가리켜라. Point to the picture that shows five.

빨간 무늬 8을 가리켜라. Point to eight red rods.

마이너스 표시를 나에게 보여줘라. Show me the minus sign.

가장 가까운 책상을 보여줘라. Point to the nearest desk.

네 옆에 학생을 가리켜라. Point to the student beside you.

벌을 가리켜라. Point to the bee.

창문을 가리켜라. Point to the window.

4) 전신반응 교수법 실례 4

서라. Stand up.

앉아라. Sit down.

이리 와라. Come here.

창문으로 가라. Go to the window.

네 자리로 돌아가라. Go back to your place.

창문을 보아라. Look out of the window.

창문에서 상체를 내밀다. Lean out of the window.

의자에서 상체를 뒤로 젖히다. Lean back in a chair.

문을 닫아라. Shut the door.

Part 1
태권도 수업에 쓰이는 기본 용어
Basic terms using in the Taekwondo class

태권도 수업에 쓰이는 기본 용어
Basic terms using in the Taekwondo class

1) 명령 Commands

집합 Line up

차렷 Attention

준비 Ready

국기에 대하여 경례 Salute the flag

사범님께 경례 Salute to Instructor

경례 Bow

바로 Return

쉬어 At ease

발 교대 Switch feet

뒤로 돌아 Turn around

2) 겨루기 명령 Sparring commands

우향우 Turn(Face) to the left

좌향좌 Turn(Face) to the right

좌우향우 Face to face

겨루기 준비 Ready for sparring

시작 Start

그만 Stop

청 Blue

홍 Red

경고 Warning

감점 Deduction

부심 Referee

주심 Judge

갈려 Break

계속 Continue

시합 Competition

3) 일반 용어 General terms

도복 Uniform

도장 School

사범님 Instructor

상급자, 선배님 Senior belt

하급자, 후배 Junior belt(= Lower belt)

유급자 Color belt

유단자 Black belt

초급자 Beginner class(rank)

중급자 Intermediate class(rank)

상급자 Advanced class(rank)

단 Grade(class, rank)

학위 Degree

겨루기 Sparring

품새 Forms

격파 Breaking

한번 겨루기 One step sparring

준비운동 Warming up exercise

정리운동 Finishing up exercise

호신술 Self defense techniques

학교체육 Physical activity

박사(석사, 학사)학위

A doctor's(master's, bachelor's) degree

그는 태권도 9단이다.

He is a Taekwondo-in of the ninth grade(dan).

그는 태권도 2품이다.

He is a Taekwondo-in of the second grade(poom).

나는 태권도 6단인 사람이다.

I am a sixth grader.

나는 태권도 3단인 사람이다.

I am a third grader.

4) 기본동작 Basic movements

기본준비서기 Basis ready stance

주춤세 몸통지르기 Riding stance trunk punch

아래막기 Underneath blocking

몸통바로지르기 Trunk opposite side punching

몸통반대지르기 Trunk right side punching

앞차기 Front kick

몸통바깥막기 Trunk outer blocking

등주먹치기 Fist back hitting

옆차기 Side kick

몸통막기 Trunk blocking

손날막기 Hand blade blocking

돌려차기 Round house kick

손날목치기 Hand blade neck kicking

5) 낙법 Breakfall

전방낙법 Front breakfall

측방낙법 Side breakfall

후방낙법 Back breakfall

회전낙법 Roll breakfall

점프낙법 Leaping fall

6) 시범 Demonstration

심사 Test

기본 발차기 Basics kicking

7) 태권도 신체 사용 부위 Applicable parts of the body

(1) 주요 신체 부위 Main parts of the body

머리 Head

얼굴 Face

이마 Brow(= Forehead)

몸통 Trunk(= Body)

가슴 Chest

명치 Solar plexus

배꼽 Navel

하복부 Abdomen

급소 Vital point

팔목 Wrist

팔굽 Elbow

허리 Waist

엉덩이 Hips(= Buttocks)

낭심 Groin

대퇴부 Thigh

무릎 Knee

정강이 Shin

종아리 Calf

(2) 주먹 Fist

등주먹 Fist-back fist
편주먹 Flat fist
메주먹 Hammer fist
솟음주먹 Knuckle-protruding fist
집게주먹 Pincers-fist

(3) 손 Hand

손바닥 Palm (of the hand)
손날 Hand blade
손날등 Hand blade back
편손끝 Flat hand tips

가위손끝 Scissor's fingers tips

한손끝 Single finger tip

두손끝 Combined two finger tips

세손끝 Combined three finger tips

바탕손 Palm hand

아귀손 Arc hand

너의 손에 잡아라.

Take / in your hands.

손에 손을 잡고 걸어라.

Walk / Hand in hand.

손으로 만들다.

Make / by hand.

너의 입을 가려라.

Cup your hand / to your mouth.

너의 손을 모아라.

Fold(Clasp) / your hands.

너의 손을 비벼라.

Rub / your hands.

너의 손을 뻗쳐라.

Stretch / your hands.

너의 손을 내밀어라.

Hold(Put) out / your hands.

너의 손을 쥐고 잡아당기다.

Pull / by the hand.

너의 손을 늦춰라.

Relax / your hands.

너의 손을 잡아라.

Take / your hands.

나는 조용히 하라고 손을 내저었다.

I waved / my hand for silence.

양손을 모아 빌어라.

Pray / with your hands pressed together.

나는 손에 땀을 쥐고 그 경기를 지켜보았다.

I watched / the game / with breathlessly(= with breathless interest).

(4) 발 Foot

발바닥 Sole of the foot

뒤꿈치 Heel(= Hill of the foot)

발날 Foot blade

앞축 Fore sole

뒤축 Back sole

발끝 Tip of a toe(= tiptoes)

발등 Back(instep) of the foot

머리끝에서 발끝까지

from head to foot(=from top to toe).

발끝으로 걸어라.

Walk on tiptoe.

나는 목이 아프다.

I have a sore throat.

나는 발이 아프다.

I have a sore foot.

나의 발이 저리다.

My foot is asleep.

나는 발을 다쳤다.

I injured my foot.

나는 발목을 삐었다.

I sprained my ankle.

나는 발을 헛디뎠다.

I missed my footing.

나는 상대방의 발을 밟았다.

I step on my partner's foot.

매트 위에서 누군가에게 발을 밟혔다.

Somebody stepped on my foot on the mat.

나는 매트 위에서 미끄러졌다.

I slept on the mat.

나는 머리에서 발끝까지 땀으로 흠뻑 젖었다.

I am wet / from head to foot(= from top to toe) / with sweat.

오른쪽 옆구리가 결리다(아프다).

I have(= feel) a pain in my right side.

(= I have(feel) a pain in the side.)

나는 나의 무릎(등)이 아프다.

I have(= feel) a pain in my knee(back).

(= I have(feel) a pain in the knee(back).)

pain: 아픔, 통증

have(feel) a pain in: ～이 아프다.

나는 그의 옆구리를 찼다.

I kicked him in the side

상대의 옆구리를 차지 마라.

Don't kick your partner in the side.

(5) 관절 Joint

　　어깨관절 Shoulder joint

　　팔굽관절 Elbow joint

　　손목관절 Wrist joint

　　고관절 Hip joint

　　슬관절 Knee joint

　　족관절 Ankle joint

8) 서기 Stance

(1) 넓혀서기 Left and right opened stance

　　나란히서기 Parallel stance

　　편히서기 At ease stance

　　앞서기 Forward stance

　　앞굽이 Forward inflection stance

　　뒷굽이 Backward inflection stance

　　주춤서기 Riding stance

　　범서기 Tiger stance

(2) 모아서기 Close stance

　　뒤축모아서기 Attention stance

　　앞죽모아서기 Reverse attention stance

　　곁다리서기 Assisting stance

　　꼬아서기 Cross stance

　　학다리서기 Crane stance

　　오금서기 Reverse crane stance

(3) 특수품서기 Special poom stance

> 기본준비서기 Basis ready stance
>
> 두주먹허리 준비서기 Fists on the waist ready stance
>
> 겹손준비서기 Overlapped hands ready stance
>
> 보주먹 준비서기 Covered fist ready stance
>
> 통밀기준비 Pushing hands ready stance

9) 막기 Blocking

> 아래막기 Low blocking
>
> 몸통막기 Middle(Trunk) blocking
>
> 얼굴막기 High(Face) blocking
>
> 손날막기 Hand blade blocking
>
> 가위막기 Scissors blocking
>
> 바깥막기 Outward blocking

10) 잡기 Grasp

11) 지르기 Punching

> 지르기 요령 Method of executing punching
>
> 지르기 방법 The out line of
>
> 특수지르기 Special punching
>
> 얼굴지르기 Face(High) punching
>
> 몸통지르기 Trunk(Middle) punching

아래지르기 Low punching

두번지르기 Double punching

12) 치기 Hitting(히링)

등주먹치기 Fist back hitting

손날목치기 Hand blade neck hitting

제비품목치기 Swallow neck hitting

팔굽치기 Elbow hitting

팔굽표적치기 Elbow target hitting

13) 찌르기 Thrusting

찌르기 Thrusting

특수 찌르기 Special thrusting

14) 차기 Kicking

앞차기 Front kick

돌려차기 Round house kick

옆차기 Side kick

뒤차기 Back kick

몸돌려차기 Turning back kick

뒤후려차기 Back spin kick

뻗어차기 Stretch kick

내려차기 Downward kick

밀어차기 Pushing kick

낚아차기 Hooking kick

안차기 Inner kick

바깥차기 Outer kick

뛰어차기 Jump kick

두발당상차기 Two feet alternate kick

모둠차기 Joint feet kick

가위차기 Scissors kick

거듭차기 Repeated kick

섞어차기 Mixed kick

이어차기 Successive kick

뛰어이어차기 Jumping successive kick

뛰어넘어차기 Jumping over kick

다방향차기 Multi direction kicks

표적차기 Target kick

15) 꺾기 Inflecting

손목꺾기 Wrist inflecting

팔굽꺾기 Elbow inflecting

무릎꺾기 Knee inflecting

16) 넘기기 Throwing down

발걸어넘기기 Foot hooking throwing down

발들어넘기기 Foot lift up throwing down

17) 특수품 Special poom

큰돌쩌귀 Bigger hinge

작은돌쩌귀 Small hinge

학다리돌쩌귀 Crane leg hinge

바위밀기 Rock pushing

태산밀기 Mountain pushing

날개펴기 Wing spreading

18) 훈련의 분류 Classification of training

기초체력 Basic physical strength(= stamina)

전문체력 Specialized physical strength(= stamina)

향상 Upgrade

유지 Upkeep

완성 Completion

확립 Establishment

근력 트레이닝 Training for muscle strength

지구력 트레이닝 Training of endurance

유연성 트레이닝 Training of flexibility

조정력(협응성) 트레이닝 Training of coordination(= control ability)

순발력 트레이닝 Training of power

민첩성 트레이닝 Training of agility

평형성의 트레이닝 Training of valance

기술 트레이닝 Training of techniques

기초기술 Basic techniques

개인특기개발 Development of individual fortes

전문기술 Specialized techniques

전술개발 Development of tactics

전략개발 Development of strategy

상대적 전략완성 Completion of relative strategy

절대적 전략완성 Completion of absolute strategy

전술전략완성 Completion of tactics and strategy

전문기술의 스피드화 Speed up of specialized techniques

19) 정신력 훈련 Training of mental power

대표선수로서의 As national players

사명감 A sense of mission

국가관 Spirit of nationalism

극기심과 협동심 Self controlling and cooperative sprint

투지 Fighting spirit

배짱(담력) Gut

인내 Patience

자립(독립)심 Self-reliance(support) spirit

승부욕 Rivalship spirit

자신감 Self confidence

집중력 Concentration power

함양 Cultivation

배양 Growth

강화 Strengthen

고취 Inspiration

너는 충분히 자립해 나갈 수 있다.

You can well look after(= take care of) yourself.

너는 자립할 수 있다.

You are able to stand alone.

그는 자립할 수 없는 학생이다.

He is the student who not able to stand up for himself.

너의 마음을 갈고 닦아라.

Cultivate / your mind.

너의 신체를 갈고 닦아라.

Cultivate / your body.

너의 영혼을 갈고 닦아라.

Cultivate / your spirit.

건전한 마음과 정신과 영혼은 정신이 건전한 정신의 사람과 숭고한(훌륭한) 사람을 만든다.

A sound mind, body and spirit make a man of sound mind and a man of noble mind.

너의 정신은 썩어 있다.

Your mind is corrupt.

나는 정신이 없다.

I am out of my senses.

나는 정신이 나갔다.

I am upset.

나는 정신을 잃었다.

I lose my senses(= consciousness).

나는 정신없이 잤다.

I slept like log.

나는 여자에 의해 정신을 빼앗겼다.

You are fascinated by a woman.

fascinated: (형용사) 〜에 매료된

너는 정신(마음)을 좀 더 연마(研磨)해야 한다.

You should cultivate your mind more.

너는 정신적으로 이상이 있다.

You are mentally ill.

그녀는 정신적으로(상태)가 불안정하다.

She is mentally unstable.

<u>낙숫물이 돌을 뚫는다.</u>

Constant dropping(쥬라핑) wears the stone.

Constant: 끊임없는, 한결같은

이 모든 것이 하룻밤 사이에 성취될 수는 없다.

All this cannot be achieved overnight.

20) 품새 Poomsae

품새의 유래 The origin of poomsae

품새의 정의 Definition of poomsae

품새의 의의 Significance of poomsae

품새선의 종류 Types of poomsae lines

품새 수련상 유의점 Considerations for poomsae training

품새 수련상 중점 Points of stress for poomsae training

21) 시범의 종류 Types of demonstration

단독시범 Individual demonstration

단체시범 Group demonstration

시범단 시범 Demonstration by a demonstration team

매스게임식 시범 Mass game style demonstration

무용시범 Rhythmic Taekwondo demonstration

22) 시범프로그램 Demonstration program

준비운동 Warming up exercise

기본동작 Basic movement

품새 Poomsae

겨루기 Sparring

격파 Breaking

호신술 Self defense technique

준비운동 및 정리운동
Warming up and finishing up

1) 국기에 대한 경례 및 출석 체크 Bow to flag(Salute the flag) and taking a roll

국기에 대해 경례 Face / to the flag

바로 Eyes front

반장 인사 Class president, bow down.

무릎 꿇고 절해라. Bow down upon your knees.

공손히 절해라. Bow low(= politely).

차렷 Attention

사범님께 경례 Bow to the instructor.

무릎 꿇고 앉기 Sit on your knees.

모두 출석했니?

Is everybody here?

아픈 사람 있나?

Is there anyone (who is) sick? (= Is anybody sick?)

결석한 사람 있나?

Is there anyone (who is) absent?

2) 집합 및 준비운동 Gathering and warming up

1열 The first row

2열 The second row

3열 The third row

좌향좌 Face(= Turn) left.

우향우 Face(= Turn) right.

기준 You don't move, stay still.

체조대형으로 펼쳐 Let's spread out for warming up.

양팔 간격으로 펼쳐 Keep at arms length apart, go! move!

좌우로 나란히 Eyes center!

앞으로 나란히 Eyes in front!

바로 Eyes center(= Eyes straight-ahead).

(1) 준비운동 1 Warming up 1

스트레칭이 지루한 것처럼 보이니?

Does stretching look boring?

일어서라. Stand up please.

준비운동을 하자. Let's warm up.

기준 You don't move, stay still.

내가 'Go'라고 하면 체조대형으로 벌려라.

When I say go, Spread out for warming up.

양팔 간격, 체조대형으로 벌려.

Keep at arms-length apart, go.

좌우로 나란히!

eft, right, attention!(= Eyes center!)

앞으로 나란히!

Eyes in front!

바로 Eyes front.

정렬(제자리에 서) Line up.

우향우 Face(= Turn) right!

좌향좌 Face(= Turn) left!

움직이지 마! 전체, 차렷!

Don't move! Everyone attention!

팔다리 벌려 뛰기 30회 시작

Let's begin thirty jumping jacks.

5번 더 빨리(느리게)

5 times again faster(slower).

팔굽혀 펴기 50회 시작

Fifty push ups! Ready, Let's go.

손목발목운동, 하나, 둘, 셋, 넷

Wrist and ankle ups.

무릎운동, 하나, 둘, 셋, 넷

Knee warm ups.

손목 돌리기, 하나, 둘, 셋, 넷

Wrist rotation.

발목 돌리기, 하나, 둘, 셋, 넷

Ankle rotation.

허리 돌리기, 하나, 둘, 셋, 넷

Hip rotation.

몸통 돌리기, 하나, 둘, 셋, 넷

Trunk rotation.

어깨 돌리기, 하나, 둘, 셋, 넷

Shoulders-shrugs.

목 돌리기, 하나, 둘, 셋, 넷

Neck rotation.

물구나무서기, 20초

Hand standing for 20 seconds.

제자리 뜀뛰기, 20회

Jump in position 20 times.

숨쉬기 운동

Take a breather!

3분간 휴식

Take a three minute rest(= breather).

(2) 준비운동 2 Warming up 2

일어서라.

Stand up please.

준비됐습니까?

Are you ready?

발을 모으고, "네"라고 대답해라.

Feet together / and say "yes, sir."

발가락으로 서라.

Stand / with your toes.

손가락을 깍지 끼고, 양팔을 앞으로 쫙 펴라.

Cross / your fingers and stretch your arms forward.

손을 위로 올리고 상체를 구부린 채 양손을 등 뒤로.

Raise up / your hands and put your hands on behind you with your upper body bent.

앉아라. Have a seat. (= Sit down please.)

발 모아 흔들어주기

Feet together and shakes.

오른발을 잡고 천장으로 쫙 펴라.

Hold / your right foot and stretch it to the ceiling.

계속해서 무릎을 쭉 펴고, 천장을 봐라.

Keep / stretching your knee and look at / the ceiling.

반대로 Switch direction.

오른 발목 돌리기 Right ankle rotation.

반대편 Other direction.

다리를 넓게 벌리고 여러분의 머리를 오른쪽과 왼쪽으로 숙여라.

Open / your legs / wide and bend / your head / to the right side and left side.

(= Spread / your legs / wide apart and bend / your head / to the right side and left side.)

중앙으로 여러분의 머리를 숙이고 발목을 잡아라.

Hang down(= bow, bend, drop, sink) / your head / to the center and hold / your ankles.

중앙으로 머리를 숙여 코를 바닥으로 놓고 멈춰라.

Put your nose on the floor and stay down.

(= Put / your nose / on the floor and stop(= pause) / for a while.)

계속해서 발과 코를 바닥에 그대로 유지해라.

Keep / holding your feet and nose / to the floor.

양손으로 왼쪽 발바닥을 잡고 앞으로 쭉 펴라.

Hold / soles of your left feet / with both hands and straighten / your arms / forward.

반대로 Switch direction.

나비모양을 만들고 양 무릎을 흔들어라.

Make a butterfly shape and shake off / your both knees.

무릎 잡고 무릎 돌리기 Hold / your knees and rotate(= roll) / your knees.

반대로 Switch direction.

허리잡고 허리 돌리기 Hold/ your waist and rotate(= roll) / your waist.

반대로 Switch direction.

모두 어깨 돌리기 Everybody shoulder rotation.

반대로 Other direction.

목 돌리기 Neck rotation.

반대로 Other direction.

숨쉬기 운동 Take a breather!

2분간 휴식 Take a two minute rest(= breather).

3) 체력단련 Physical fitness training

내가 호각을 불 때, 앞으로 갔다 제자리로 가라.

When I whistle, step / forward and step / back.

호각을 불면 발을 벌렸다가 모아 점프하면서 앞으로 가라.

When I whistle, open / your legs and put / them(= you legs) / together go forward jumping.

(= When I whistle, jump / while feeting together and go / forward.)

호각을 불면 돌고 점프하라.

When I whistle, spin and jump.

배를 땅에 대고 엎드려라.

Everybody lie on / your stomach.

(= Lie on / your face.)

모두 무릎을 꿇어라. 손을 무릎에 놓고 눈을 감아라.

Everybody, down(= fall) / on your knees. Put / your hands / on your knees and close eyes.

모두 함께 태권도 5대 구성 요소를 말해라.

Everybody say / a five component element of the Taekwondo.

4) 정리운동 Finishing up

전체 일어서! 본 대형으로 모여!

Everyone stand up! Come together!

기준! 본대 형으로 모여!

You! Don't move, stay still! Come together!

서라, 한 줄로

Stand / in a line.

서라, 4열 종대로

Stand / in four vertical lines.

서라, 4열 횡대로

Stand / in four horizontal lines.

5) 준비운동 및 정리운동 43가지 Warming up and finishing up 43

(1) 너의 양손으로 턱을 밀어 올리고 목을 뒤쪽으로
    스트레치하라.

Push up / your chin / with both hands stretch to the

back.

(2) 머리 뒤를 양손으로 감싸라.

Wrap / the back of your head / with the both hands.

너의 머리를 아래로 끌어내려라.

Pull down / your head.

그리고 목의 뒤쪽을 쭉 펴라.

And straighten(= stretch) / the back of your neck.

(3) 너의 머리를 오른쪽과 왼쪽 아래로 끌어당기고, 아래로 끌어당기면서 정지해라.

Pull down / your head / right and left and / pause while pulling down.

양쪽으로 교대로 실시한다.

Take turns with both sides.

(4) 오른팔로 왼쪽 팔꿈치를 끌어당김으로써 너의 왼쪽
   팔을 펴준다.

   Straighten(= stretch) / your left arm / by

   pulling your left elbow / with your right arm.

(5) 머리 뒤에서 오른쪽 팔꿈치를 왼쪽 손으로 눌러
   내린다.

   Push / your right elbow down / at the back of

   your head.

   (= Push / your right elbow down / behind your

   head.)

(6) 등 뒤에서 양손가락을 잡고 위쪽에서 눌러 내린다.

Grab(hold) / your fingers / behind you and push down / from above.

(= Lock your fingers together behind you and push down / from above.)

양쪽을 교대로 실시한다.

Take turns with both sides.

※ 양손가락이 닿지 않는다면 너는 타월이나 줄을 사용해
   도 좋다.

※ If you can't touch your fingers, you should use
   a towel or rope.

(7) 다른 손으로 너의 손바닥을 누름으로써 너의
   손목의 안쪽을 펴라.

Stretch / the inside of your wrist / by pressing your palms / with the other hand.

다른 손으로 너의 손가락을 누름으로써 너의
손목의 바깥을 펴라.
Stretch / the outside of your wrist / by pressing
your fingers / with the other hand.

너의 오른팔을 앞쪽으로 내뻗어라. 그리고 너의 오
른손가락을 너의 몸 쪽으로 당겨라.
Stretch your right arm forward and pull your right
fingers to(= toward) your body.

(8) 양팔을 머리 위로 곧게 올리고 양팔을 교차시킴
    으로써 손가락을 깍지 껴라.

Raise your arms straight and lock your fingers by
crossing your arms.

(9) 양손을 등 뒤에서 잡고 양팔을 쭉 편다.

Hold / your hands / behind you and stretch /
your arms.

양팔을 위로 들어 올리고 너의 가슴을 앞으로 쭉 편다.
Raise / your arms upward and stretch / your chest /
forward.

너의 허리를 직각으로 만들 때까지 계속 굽혀
라. 양손을 등 뒤에서 잡고, 위로 곧바로 펴서
올린다.

Bend / your waist / until your body makes a right
angle. Hold / your hands behind you and raise /
your arms straight up.

※ 이때 다리는 어깨너비로 벌리고 허리를 곧게
　펴라.

※ Spread your feet at shoulder's length apart and
　stretch your waist.

(10) 양손을 벽에 대고 양팔을 쭉 편다. 너
　　의 어깨를 아래로 눌러라.

　　Put your hands against wall and stretch
　　you arms and then Push / down / your
　　shoulders.

(11) 머리 위에서 양손을 깍지 끼고 위로 양손을 밀어
올린다.

Cross(= Lock) / your fingers together / above your
head and lift / both hands upward.

너의 신체를 오른쪽(왼쪽)으로 기울여라.

Lean / your body / to the right(left).

※ 이때 다리를 바르게 편다.

※ Keep your legs straight.

(12) 양다리를 넓게 벌린 채, 머리를 숙
이고 마룻바닥에 이마를 대라.

With both legs wide open, bend /
your head and touch / your brow /
to the floor.

양팔을 나란히 벌린 후, 너의 신
체를 오른쪽으로 구부리고, 너의
왼쪽 힙이 완전히 펴진 채 잠깐
정지한다.

Spread / both hands / side by side, bend / your body / toward(= to) your right side,
stop for a while / with your left hip stretched.

※ 이때 무릎을 굽히지 마라.
※ Don' t bend your knees.

Tip. 동시동작 표현 방법(부사)

서라 / 양다리(무릎, 엉덩이, 등)를(을) 편 채
Stand / with your legs(knees, hips, back) / stretched out.

서라 / 양 무릎을 굽힌 채
Stand / with your knee bent.

서라 / 상체를 굽힌 채
Stand / with your upper body bent.

앉아라 / 다리(무릎, 엉덩이, 등)를(을) 편 채
Sit / with your legs(knees, hips, back) straight.

앉아라 / 다리(무릎, 엉덩이, 등)를(을) 편 채
Sit / with your legs(knees, hips, back) / stretched out.

앉아라 / 다리를 꼰 채
Sit / with your legs / crossed.

앉아라 / 양팔을 꼰 채
Sit / with your arms / crossed.

앉아라 / 양 무릎을 세운 채
Sit / with your knees/ raised.

앉아라 / 상체를 말아 올린 채
Sit / with your upper body / curled up.

(13) 너의 양팔과 양다리에 대해서 넓게 벌린 후, 상체를 구부리고 양손을 회전함으로써 양팔을 회전시켜라.

Spread / your legs and arms / wide apart, bend / your upper body and twist / it / by rotating both hands.

(= With your legs and arms) spread wide apart, bend / your upper body and twist it/ by rotating both hands.

양팔을 펴고 몸을 옆으로 구부린 채 잠깐 정지한다.

Stretch / your arms and stop for a while with your body bent / toward(to) side.

※ 큰 동작을 사용함으로써 여러분의 옆구리를 펴는 것이 중요하다.

※ It is important to stretch your sides by using big movements.

(14) 머리 뒤에서 양손을 깍지 끼고 너의 허리를 90도에 가깝게 구부려라.

Cross(= Lock) your fingers together behind your head and bend your waist close to a right angle.

너의 상체를 좌우로 구부린 후에 잠깐 동안 멈춰라.

Stop for a while after you bend your upper body from side to side.

(15) 왼쪽 무릎을 양손으로 잡고, 안쪽으로 끌어당긴 후, 몇 초 동안 멈춘다.

Hold / your left knee / with both hands, pull in, pause / for a few seconds.

※ 가슴 근처에 가깝게 너의 무릎을 끌어당겨라.

※ Pull your knee / close to your chest.

(16) 의자나 벽, 바에 왼쪽 발을 올려놓는다. 다리 쪽으로 상체를 구부린 다음 정지한다.

Put / your left leg / on a chair(a wall, a bar). Bend / your upper body and then / pause.

(17) 벽에 한 손을 대고 한 손으로 발등을 잡은
채 선다.

Put / your hand / against the wall and stand,
holding the instep(back) of your foot / by one
hand.

발뒤꿈치를 허리에 가깝게 끌어당긴 후에
정지한다.
Stop after pulling your heel close to your
waist.

※ 허리를 굽히지 마라.
※ Don't bend your waist.

(18) 벽에 한 손을 댄다. 다른 한쪽 손으로 한
쪽 발을 잡는다. 그리고 몸 쪽으로 그것
을 당긴다.

Put / your hand / against the wall. Hold /
one foot / with the other hand. And pull
it / toward your body.

대퇴부를 펴라.
Stretch your thigh.

※ 무릎을 가능한 한 높이 올리고 대퇴부가 내려
가지 않도록 해라.
※ Raise your knee as high as possible and don't put down your thigh.

(19) 어깨너비에서 양발로 선다.

Stand / with your feet / at shoulders width(length) apart.

천천히 상체를 구부리고 양손으로 마루에 닿도록 한다.

Bend your upper body slowly / and touch the floor / with both hands.

※ 무릎을 구부리지 마라.

※ Don't bend your knees.

(20) 양손을 허리에 놓고 천천히 양 무릎을 구부린다.

Put your hands on your waist / and bend your knees slowly.

※ 여러분의 무릎이 뒤쪽으로 구부러지지 않도록 확실히 해라.

※ Make sure that your hip doesn't bend backward.

(21) 양 무릎을 구부린 채 서고 양손을 벽에 대고
　　 선다.

Stand / with your knees(= both knees) bent
and put / your hands(= both hands) / against
the wall.

여러분이 여러분의 종아리에 쭉 펴진다는 것을
느낄 때까지 여러분의 무릎을 구부려라.

Bend your knee until you feel your calf
stretching.

※ 발뒤꿈치를 들어 올린다면 이 스트레칭은 효과가
　 없을 것이다. 그러므로 여러분의 뒤꿈치가 바닥에
　 서 떨어지지 않도록 유지해라.

※ This stretching will not be effective if you lift your hills, so keep your heels on the floor.

(22) 다리를 교차시킨 채 선다.

Stand / with your legs crossed.

(23) 엎드려뻗친 자세에서,

Get into / the same position for doing push up,

get into: 어떤 상태에 들어가다

오른발 발끝을 왼발 발뒤꿈치

위에 올린다. 너의 종아리가

스트레칭 된다고 느낄 때까지 계속

아래로 눌러라. Put / the tip of your right foot / on top of your hill of your left foot.

Press down your heels until you feel your calf stretching.

※ 너의 무릎이 구부러지지 않도록 그것을 확실히 만들어라.

※ Make sure that / not to bend your knees.

(24) 아래(마룻바닥과)와 대면한 채(엎드린 자세에서) 양팔로 몸을 지탱하라. 그리고
한쪽 다리를 구부려라.

Hold up / your body / with your arms facing / down, and bend one leg.

※ 너의 무릎이나 발목이 구부러지지 않도록 해라.

※ Don't bend your knee or ankle.

(25) 한쪽 무릎으로 서서, 오른손으로 오른 발을 잡고 몸 쪽으로 천천히 끌어당긴다.

Stand / on one knee, hold / your right foot / with your right hand, and pull / it / towards(to) your body / slowly.

양쪽으로 교대하라.

Take turns with both sides.

(26) 신체를 둥글게 말아 올린 채 앉고 한쪽 무릎을 세운다. 양손을 마루에 댄다.

Sit / with your body curled up and leave / one knee up. Put both hands on the floor.

(27) 양다리를 구부린 채(꿇어앉은 자세) 마룻바닥에 앉아라.

Sit / with your legs bent / on the floor.

양손을 허리에 놓는다. 엉덩이를 들고 상체를 천천히 뒤로 젖힌다. 턱을 위로 올리도록 한다.

Put your hands on your waist. Raise up your hips and pull back your upper body slowly. Push your chin up.

※ 만약 네가 유연하지 않다면 양손을 앞쪽에 내버려 둘 수 있다.

※ If you are not flexible, you can leave both hands in front.

(28) 꿇어앉은 자세에서, 깍지 낀 양손을 앞으로 내밀고 머리를 숙인다.

In a kneeling position, hold(stretch) out / your folded(clutched) hands and lower / your head.

(= Kneel down / and stretch out / your clutched(= folded) hands and lower your head.)

(29) 너의 손가락들이 복부 쪽을 바라본 채 놓고 엎드려라.

Put your hands / with your fingers facing your belly and crouch down.

with your fingers facing your belly: 동시동작 표현

너의 손목 안쪽을 신전시키기 위해 / 너의 엉덩이와 어깨를 뒤로 당겨라.

Pull / your hip and shoulder / back / to stretch inside of your wrist.

※ 체중을 무릎 쪽으로 옮겨라.

※ Move your weight / to your knee.

(30) 엎드려라, 양손으로 마루를 밀어라. 그리고 상체를 일으켜 세운다.

Lying / on your face, push / on the floor / with your hands and make / your upper body stand up.

(= Fall / on your face, push / on the floor / with your hands and make / your upper body stand up.)

※ 팔꿈치를 구부리지 말도록 해라.

※ Don't bend your elbows. (= Make sure that not to bend your elbows.)

(31) 양 무릎과 발등, 손바닥을 바닥에
    대고 엎드린다.
    Crouch down / with your knees,
    with the back of your feet, palms /
    on the floor.

양팔을 앞으로 똑바로 내민다. 그리고 어깨를 떨어뜨려라.
Stretch / your arms / forward and bring down / your shoulders.

너의 허리를 높게 유지해라.
Keep / your waist/ high.

(32) 정좌한 후 뒤로 누워 양발 등을 바닥에 댄다.
    After sitting straight, lie down, and put / the back of your feet / on the floor.
    sit straight: 정좌

    ※ 무릎이 바닥에 닿지 않도록 한다.
    ※ Don't let your knees touch the
       floor.

(33) 팔꿈치로 상체를 지탱해라, 오른쪽 다리를 구부리고 오른쪽 발등은 바닥에 댄다.

Prop up(= Hold up) / your upper body / with your elbows, bend / your right leg, and put / the back of your right foot / on the floor.

양발을 교대로 실시하라.

Take turns / with both legs.

※ 구부린 쪽 다리의 발등은 바닥에 붙이고 다른 쪽의 발을 세운다.

※ Lay your bended foot on the floor and raise the other foot.

(34) 하늘을 보면서 높고 한쪽 무릎을 구부리고 그것을 양손으로 잡는다.

Lie down / facing the sky and bend / one knee and hold / it / with both hands.

무릎을 머리 쪽으로 가깝게 당기고 정지한다.

Pull / your knee / close to your head and pause.

※ 다른 쪽 허리가 바닥에서 떨어지지 않도록 확실히 해라.

※ Make sure that your waist doesn't leave the ground.

(35) 천장을 보고 드러누워, 너의 오른쪽 발목을 양손으로 잡아라.

Lie down, hold / your right ankle / with your hands.

너의 머리 쪽으로 오른쪽 발목을 당겨라.

Pull / your right ankle / to your head

※ 다른 쪽 다리가 바닥에서 떨어지지 않도록 확실히 해라.

※ Make sure that your other leg doesn't leave the ground.

    (= Don't lift up your other leg.)

(36) 하늘을 보면서 누워라. 너의 오른쪽 다리를 왼쪽 다리를 넘겨 바닥에 대라.

Lie down facing the sky. Put your right leg over your left leg.

※ 오른쪽 어깨가 바닥에서 떨어지지 않도록 한다.

※ Try not to lift your left shoulder from the floor.

(37) 양 무릎을 세운 채 누워라. 그리고 머리 뒤에서 깍지를 껴라. 왼쪽 다리를 오른쪽 허벅지 위에 놓아라. 너의 상체를 오른쪽으로 튼 다음 정지한다.

Lie down with your knees raised. Cross your fingers together behind your head. Put your left leg on your right thigh. Turn your upper body to the right and then pause.

올린 다리처럼 똑같은 방향으로 어깨를 트는 것이 중요하다.

It is important to turn your shoulder in the same direction like raised foot.

(38) 너의 양다리를 똑바로 펴고 앉아라. 너의 양발(발목)을 좌우로 움직여라.

Sit / with your legs / straight. Move / your feet(ankle) / left and right.

양손으로 양발을 쭉 편 채 앉는다. 양손으로 양발 끝을 잡는다.

Sit / with your legs stretched out / with both hands.

(= Spread/ your legs wide apart /with both hands.)

Hold / the tip of your feet / with your hands.

발끝을 끌어당기면서 멈춰라.

Pause while pulling the tip of your toes.

(39) 양 무릎을 세운 채 앉아라.

Sit / with your knees raised.

왼쪽 다리를 오른쪽 대퇴부 위에 놓는다.

Put / your left leg / on top of your right thigh.

(= 왼쪽 다리를 오른쪽 다리 위에 놓는다.

Put / your left leg / on top of your right leg.)

너의 얼굴을 왼쪽으로 돌려라.

Turn / your face / to the left.

(40) 양다리를 넓게 벌린 채 앉아라.

Sit / with your legs wide / open.

앉은 채 양다리 사이의 공간을 넓혀라. 너의 양손을 오른발 끝 쪽으로 뻗고 정지한다.

Widen / the space / between your legs / while sitting. Stretch / your hands / to(= toward) the tip of your right foot and pause.

양쪽으로 교대한다.

Take turns / with both sides.

(41) 양발을 크게 벌리고 양손을 앞으로 내민다.

Open(= Spread) your legs wide apart and stretch out your hands forward.

※ 너의 몸이 유연하지 않다면 너의 상체를 너무 많이 구부리지 마라.

※ If your body is not flexible, don't bend your body too much.

(42) 양 발바닥을 맞대고 너의 신체 쪽으로 가깝게
     양 발바닥을 당겨라.

Place(= Put) / the soles of your feet / together
and pull the soles of your feet close to your
body.

너의 오른쪽 무릎을 오른손으로 아래로 눌러라.
Press down / your right knee / with your right
hand.

양 발바닥을 마주 본 채 앉아라.
Sit down / with the soles of your feet facing / each other.

왼쪽으로 너의 신체를 틀어라. 그리고 너의 왼손은 바닥에 대라.
Twist / your body / to the left and put / your left hand / on the floor.

(43) 양 발바닥을 맞대고 양손으로 발끝을 잡는
     다. 그리고 양손으로 발끝을 몸 쪽으로 끌
     어당긴다. 너의 머리를 발끝으로 낮춰라.

Put (= Place) the soles of your feet together
and hold the tips of your feet with both hands.
Pull the tips of your toes with both hands.
Lower your head to the tips of your toes.

양 발바닥을 서로 맞대야 한다.
The soles of your feet must be facing each other.

※ 네가 너의 등을 둥글게 하면 너의 허리를 펴는 것이 더 쉬울 것이다.
※ If you make your back round, it will be easier / to stretch your hip.

무릎 꿇어. Down(= Fall) / on your knees!

엎드려! Fall / on your face.

그는 넘어져서 입술이 찢어졌다.

He fell down / and cut / his lip.

들어와 앉으세요.

Come in / please, and sit down.

Tip. 전치사

① by(~(으)로)
　신의 도움으로 by the help of god
　이 방법으로 by this means
　글로 by writing
　완력으로 by force
　골프로 by golf

by는 전치사이기 때문에 전치사 다음에 오는 동사는 반드시 동명사가 되어야 한다. by는 "~함으로써"로 해석된다.

그래서 by putting은 "둠으로써", by pulling은 "끌어당김으로써", by pushing은 "밂으로써", by stepping backward는 "뒤로 빠짐으로써"라는 뜻이 된다.

어깨를 전후로 흔듦으로써 by waving your shoulder back and forth
어깨를 회전함으로써 by rolling your shoulder
힘과 스피드를 섞음으로써 by mixing power and speed
그를 향하여 흉한 얼굴을 함으로써 by making an ugly face at him

② 기한을 나타내는 전치사: 기한을 나타내는 전치사는 by와 till이 있는데 그 쓰이는 용법은 다음과 같다.

　• by: '어느 시간까지'라는 기한을 의미한다. 그때까지 동작이나 상태가 종료되는 것을 나타낸다.

　다음 주 월요일까지 이 책을 반납하시오.
　Please return this book / by next Monday.

　나는 10시까지는 돌아올게요. 그때까지(계속해서) 기다려요.
　I'll be back / by ten o'clock. Wait until then.

　• until: '어느 시간까지 계속'이라는 의미를 내포하고 있다.

　• 그리고 전치사 on은 본드처럼 착착 달라붙어 있는 경우에 사용되고 전치사 with는 '…와 함께'라는 동반적인 의미로 사용된다.

Part 3
본 수업
The main class

본 수업

1) 본 수업 The main class

(1) 도입 부분 멘트 Introduction

출석을 체크하겠다.

I will take(= call) roll(= names).

모두 출석했습니까?

Is everybody here?

자기 이름 불리지 않은 사람은 오른손을 드세요.

The student who is not called your name raise up your right hand.

손 내려라. Bring down your hand.

출석하지 않은 사람 있나?

Is there anyone who is not present?

무단결석은 하지 않도록 해라.

You should never be absent without notice.

(= Don't be absent without leave.)

무단결석 했네요.

You were absent without leave.

너는 어제 출석하지 않았다.

You didn't attend class yesterday.

너는 일주일 동안 결석해 왔다.
You have been absent for a week.

아픈 사람 있습니까?
Is there anyone (who is) sick?

철수, 아파요? Chul-su, Are you ill?
(= Are you sick? / Are you in pain?)

철수, 왜 늦었니?
Chul-su, why are you late?

수업시간에 제시간에 와라.
Come to class on time.

지각한 것에 대해서 변명하지 마라.
Don't try to make an excuse for being late.

수업에 늦지 마라.
Don't be late to class.

시간을 잘 지켜라.
Be punctual!

어디가 아프니?
Where does it hurt?

약은 먹었니?
Did you take medicine?

먼저 몸을 가볍게 풀고 본 수업에 들어갈 것이다.
Let's warm up first and we will begin the class.

그럼 지금부터 태권도의 기본자세를 배울 것이다.

From now on, you will learn basic posture of the Taekwondo.

오늘은 주먹 쥐는 법을 배울 것이다. You will learn the way to clench a fist.

오늘은 여러분에게 띠 묶는 방법을 가르쳐 줄 것이다.

I will teach you how to tie the Taekwondo belt.

오늘은 여러분에게 도복 개는 법을 가르쳐 줄 것이다.

I will teach you how to fold the Taekwondo uniform.

편안하게 자세를 취해라. 그것은 매우 중요한 동작이다.

Take a natural position. It is very important motion.

지금부터 나는 태권도의 기본 발차기 기술에 대하여 설명할 것이다.

From now on, I will explain about basic kick techniques of the Taekwondo.

태권도는 빠른 판단력과 민첩성이 요구된다.

Taekwondo is required quick judgement and agility.

태권도는 민첩한 동작과 반사운동을 증가시켜 준다(길러준다).

Taekwondo enhances nimble motions and reflex movements.

태권도는 근육과 신경의 협응 능력을 길러줄 것이다.

Taekwondo will raise the ability of muscle and nerve movements.

수업 시작 전에 너의 시계, 반지, 목걸이 등을 풀어라.

Take your watch, ring, necklace off before class start.

너희가 도장에서 게임할 때 너의 동료와 다른 사람들에게 조심해라(피해를 주지 않기 위해서).

When you play the game in dojang, watch out your partner and other people.

지금부터 우리는 겨루기와 품새를 수련할 것이다.

From now on, we will practice sparring and poomsae.

나는 하급자에게 태극 1장을 가르쳐 줄 것이고, 상급자에게는 겨루기를 가르쳐 줄 것이다.

I will teach Taegeuk 1 jang to lower belt. I will teach sparring to upper belt.

먼저 준비운동을 하고 품새 연습을 하겠다.

Let's do warming up first and then we will practice poomsae.

경희 체육관의 관훈을 영어로 배우자.

Let's learn Kyunghee gym's code in English.

정직해라, 그리고 항상 정의 앞에 서라.

Be honest, and always stand for justice.

서로 돕고 존경하라.

Respect and help each other.

충실하며 예의 바른 품성을 갖는다. Loyal and courteous.

   loyal: (형용사) 충성스러운(= faithful)
   courteous: (형용사) 예의 바른, 공손한(= polite)

겨루기는 네가 땀을 많이 흘리도록 한다. Sparring will make you lots of sweat.

겨루기는 네가 강한 신체와 정신을 만들도록 도와준다.

Sparring will help you to make strong body and mind.

겨루기는 네가 자신감을 증진하도록 도움을 줄 것이다.

Sparring will help you to improve your confidence.

태권도는 네가 스트레스를 풀도록 도와준다.

Taekwondo helps your stress release.

태권도 정신은 겸손, 예의, 정직이다.

Taekwondo spirit is humility, courteousness, honesty.

겸손의 의미는 서로 돕고 존경하는 것이다.

Humility means help and respect each other.

어려울 때 돕는 친구가 참된 친구이다.

A friend(= In need) is a friend indeed.

[검도] 여러분은 그립 잡는 법(어떻게 그립을 잡는지)을 배울 것이다.

You will learn how to grip.

[검도] 그립을 가볍게 악수하듯 잡아라.

Grip lightly like giving a handshake.

(2) 기본 동작 및 품새 지도 Basic motion and poomse coaching

무엇이 문제인가?

What is the problem?

모두 일어서라.

Everybody stand up please.

오른 다리를 뒤로 빼고 왼손으로 아래막기를 한다.

Step back right leg and low block by left hand.

앞굽이를 만들 때에는 앞다리 무릎을 구부리고 뒷다리를 일자로 쭉 편다.

When you make a forward inflection stance, bend your knee of front foot and stretch your back foot in a straight line.

앞 손은 아래막기한다.

Front hand do low block.

뒷손은 벨트에 놓는다.

Place(= Put) your back hand on your belt.

옆 사람과 보조를 맞춰라. Keep step with the person beside you.

keep step: ~와 보조를 맞추다

Step to the music. 음악에 맞추어 걸어라.

step: 가락에 맞추어 걷다

앞굽이 연습은 힘차게 지르기 위해서 배우기 위한 첫 단계다.

Practicing the forward inflection stance is taking your first step in learning to punch powerfully.

take your first step: 첫 단계를 밟다

자, 이제 한쪽 다리를 세로로 걸음의 1.5배 너비로 내디뎌라.

Now step forward with one of your leg to a vertical distance as wide as one and a half step.

앞다리를 구부리고 뒷다리 무릎을 펴서 양 뒤꿈치를 땅에 붙여라.

Bend your front leg and keep the heels of your feet on the ground by stretching the knee of your back leg.

체중의 3분의 2를 앞다리에 실어라.

Two thirds of your weight should be on the foot that is forward.

뒷다리의 발바닥을 바깥 방향으로 30도 정도로 유지하고 상체 또한 30도 정도 밖으로 틀어라. 그러나 등은 항상 곧게 유지해야 한다.

Keep the sole of your back leg turned / about 30 degree / outward and turn your upper body / about 30 degrees / outward. but you must keep your back straight / at all times.

여러분이 어떻게 서는지, 어떻게 무게 중심을 옮기는지에 따라 얼마나 강하게 지를 수 있거나 찰 수 있는지의 강도가 결정된다.

How to stand you, how to the center of your gravity has a lot to do with how hard you can punch or kick.

(A) has a lot to do with (B): A는 B와 많은 관련이 있다

내가 호각을 불면 앞으로 한 발짝 앞으로 움직여 앞굽이를 하면서 주먹지르기를 한다.

When I whistle, step forward and making a forward inflection stance and punch.

다음은 뒷굽이를 연습하겠다.

Next time, we are going to practice backward inflection stance.

뒷굽이를 만들 때는 두 무릎을 구부린다. 그리고 앞발은 90도 각도로 만들고 너의 몸무게의 70%를 뒷다리에 놓는다.

When you make a backward inflection stance, bend your both knees. And make your front foot to a 90 degree angle. Put 70% of your weight on back leg.

누가 좋은 자세를 만들 것인지 볼 것이다.

I will see who will make a good posture.

너의 동작은 흐트러지지 말아야 한다. Your motion should be unbroken.

unbroken: (형용사) 깨지지 않는

너의 신체는 힘을 빼야 한다. Your body should be relaxed.

relaxed: (형용사) 편안한, 힘을 뺀

엉덩이는 볼에 평행해야 한다.

The hips and shoulders should be parallel to the ball.

parallel: (형용사) 평행한

너의 왼쪽 어깨는 오른쪽 어깨보다 더 높아야 한다.

Your left shoulder should be higher than the right shoulder.

higher: (형용사) 더 높게

너의 상체는 양간 앞으로 구부려져야 한다.

The upper torso should be bent forward slightly.

bent: (형용사) 뒤틀린

무단결석은 하지 않도록 해라.

You should never be absent without notice.

(= Don't be absent without leave.)

기대에 어긋나지 않도록 해라.

Please see that you prove yourself.

기대 이상의 좋은 결과다.

The result exceeds my hope

가서 물을 마셔라.

Go and get drink water.

1분간 휴식

Take one minute a rest(= break).

잠깐 휴식하자. Let's have a short rest.

(= Let's have a break for a while.)

충분한 휴식을 취해라.

Take a good rest.

너희들이 아래막기 동작을 할 때, 이런 식으로 해라.

When you do low block, do it like this(= this way).

너희가 품새를 할 때, 너희는 무엇이 다음 동작인지 생각해야 한다.

When you do poomsae, think about what is next motion.

네가 너의 품새를 끝마쳤다면 움직이지 마라.

If you finish poomsae, don't move it.

너희들은 발차기를 나와 함께 수련할 것이다. 그리고 배우는 것을 시작하기 전에 나는 어떤 것을 말해주고 싶다.

You will practice kicking techniques with me. And I would like to(워라익투) say something.

너희들은 발차기 기술에서 무엇이 가장 중요한 요소인지를 반드시 이해해야 한다. 그것은 힘, 스피드, 정확성 그리고 거리이다. 너희들이 발차기 기술 수련을 할 때 이러한 것들을 틀림없이 기억해야 한다.

You must understand what are the most important point in kicking techniques. That is power, speed, accuracy and distance. You have to remember these things when you practice kicking techniques.

유연성 있는 스피드가 첫 번째이고, 파워는 두 번째이다.

The speed with flexibility is first and power is second.

성공적인 발차기가 첫째이고, 파워는 두 번째이다.

A successful kick is first and power is second.

발차기에서 정확성은 가장 중요하고 너의 집중력을 기를 수 있다.

Accuracy is most important (in kicking) and it can improve your power of concentration.

발차기 기술을 연습할 때 무릎을 약간 구부려라.

When you practice kicking techniques, bend your knees a little.

너의 무게 중심을 낮게 유지해라.

Keep the center of your weight lowly.

회전축을 사용하는 것을 연습해라.

Practice using the axis of rotation.

발차기 기술을 연습할 때, 힘으로만 발차기를 해서는 안 된다.

When you practice kicking techniques, don't try to use absolute power.

태권도에서 무릎의 스냅을 사용하는 것은 점수를 얻는 매우 중요한 기술이다.

Using the snap of the knee in Taekwondo is very important technique to get point.

스냅의 원리를 이용하면, 너는 쉽게 발차기를 찰 수 있다.

If you apply principle of the snap, you can kick kicking easily.

돌려차기는 득점을 위한 공격기술이다.

The round house kick is an attack skill to get point.

(3) 지르기 Punching

차렷 Attention please.

모두 두 주먹을 턱에 대라.

Everybody touch your chin with both fist.

양다리를 벌리고 두 주먹을 내려라.

Open your legs and put both fist down.

(= Widen the space between your legs and put both fist down.)

X를 만들어 머리를 막고 다리를 더 벌려라.

Make a X and cover your head and open / your legs / more.

두 손을 허리에 놓아라.

Put both hands on your waist.

내가 호각을 불면 왼손으로 주먹을 질러라.

When I whistle, punch / with your left hand.

다른 손을 해 봐라.

Try / the other hand.

"기합" 소리와 함께 주먹을 질러라.

When you punch, please say "Gi-Hap."

두번지르기를 해 봐라.

Try two punches.

태권도를 외치면서 해 봐라.

Try saying "TKD."

준비자세로 돌아가라.

Return / to the ready position.

두 손을 모으고

Place / your hands / together.

사범님께 경례

Bow / to Instructor / say,

"감사합니다."

"Thank you sir."

모두 "챔피언!"이라고 외쳐라.

Everybody say / "Champion!"

주춤새 준비!

Riding stance ready!

몸통지르기 하나, 둘, 셋.

Trunk punch one, two, three.

몸통 두 번 지르기 하나, 둘, 셋.

Trunk twice punch one, two, three.

몸통 세 번 지르기 하나, 둘, 셋.

Trunk three times punch one, two, three.

태권도, 하면 된다, 하나.

Taekwondo, it can be done, one.

태권도, 정신통일, 하나.

Taekwondo, concentration of sprit, one.

나는 할 수 있다. I can do it.

얼굴(상단)지르기 하나, 둘, 셋.

Face punching one, two, three.

아래(하단)지르기 하나, 둘, 셋.

Lower part punching one, two, three.

전진하면서 아래막기 하나, 둘, 셋, 뒤로 돌아.

Stepping forward underneath blocking(= low block) one, two, three, turn around.

몸통막기 하나, 둘, 셋, 뒤로 돌아.

Trunk blocking one, two, three, turn around.

얼굴막기 하나, 둘, 셋, 뒤로 돌아.

Face blocking one, two, three, turn around.

한손날 몸통막기 하나, 둘, 셋, 뒤로 돌아.

One hand blade one, two, three, turn around.

양손날 몸통막기 하나, 둘, 셋, 뒤로 돌아.

Both hands trunk blocking one, two, three, turn around.

한손날 목치기 하나, 둘, 셋, 뒤로 돌아.

One hand blade neck strike one, two, three, turn around.

역손날 목치기 하나, 둘, 셋, 뒤로 돌아.

Reverse hand blade neck strike one, two, three, turn around.

양손날 목치고 허리치기 하나, 둘, 셋, 뒤로 돌아.

Both hands blade neck strike one, two, three, turn around.

편손끝 지르기 하나, 둘, 셋, 뒤로 돌아.

Flat hand finger tips thrusting one, two, three, turn around.

이번에는 바탕손 턱지르기를 연습한다.

This time, palm hand strike jaw striking.

물러서면서 바탕손 턱지르기 하나, 둘, 셋, 뒤로 돌아.

Stepping backward palm hand strike jaw striking one, two, three, turn around.

다음에는 편손끝 지르기를 연습한다.

Next time, we will practice flat hand finger tips thrusting.

전진하면서 편손끝 찌르기 하나, 둘, 셋.

Stepping forward flat hand finger tips thrusting.

이번에는 파트너와 수련해 보자. This time, let's practice with your partner.

2인 1조로 만들어라.

Make a group of two.

먼저 오른쪽이 몸통지르기로 공격하면, 왼쪽은 몸통안막기로 막는다.

First, if your right side attacks by trunk punching, left hand side blocks by trunk inner blocking.

내가 "그만"할 때까지 모두 번갈아가면서 수련한다.

Practice alternately, until I say "stop".

좋아, 전체 수고했다.

OK, you did good job.

내일은 겨루기를 배울 것이다.

We'll learn sparring tomorrow.

발차기 준비!

Ready for kicking!

앞뻗어올리기 하나, 둘, 셋.

Stretch kick one, two, three.

발 바꿔, 다리에 힘 빼고 높이 차라. 하나, 둘, 셋.

Switch feet, relax your leg and kick higher. One, two, three.

앞차기, 하나, 둘, 셋. Front kick, one, two, three.

발 바꿔, 기합소리 더 크게, 하나, 둘, 셋.

Switch feet, yell louder one, two, three.

돌려차기, 하나, 둘, 셋.

Round house kick, one, two, three.

발 바꿔, 다리에 힘 넣고, 하나, 둘, 셋.

Switch feet, put power / in your leg, one, two, three.

뒤차기, 하나, 둘, 셋.

Back kick, one, two, three.

발 바꿔, 하나, 둘, 셋.

Switch feet, one, two, three.

뒤후려차기, 하나, 둘, 셋.

Back spin kick, one, two, three.

Tip. 발차기의 응용동작 Applied motion of foot kick

개인스피드 발차기 Individual speed foot kick
원 돌며 스피드 발차기 Speed foot kick in a circle
타깃을 이용한 이동발차기 Moving foot kick using target

(4) 시범지도 Demonstration coaching

지난주 시범 어땠니?

How was exhibition in last saturday?

시범에서 어떤 부분이 가장 재미있었니?

What part was the most exciting in exhibition?

철수, 앞으로 나와라. Chul-su, Come to the front.

(= Chul-su, please come out. / Chul-su, please come on out.)

시범을 보여라. Show an example.

그는 우리에게 시범을 보여 줄 것이다.

He will give us a demonstration. [4형식]

(= He will show an example.) [3형식]

아주 잘했다. Well down.

(= Wonderful. Brovo. Good for you. / You have done very well.)

이 학생의 시범을 따라 해라.

Follow this student's example.

다른 사람에게 시범을 보이기를 원하는 수련생은 제자리에서 손을 들어라.

Raise your hand the practitioner who want to show an example to others in your position.

시범 보이는 것에 대하여 두려워하지 마라.

Don't be afraid of showing an example

(= Don't be afraid of showinga demonstration).

다른 사람에게 시범을 보이기를 원하는 수련생은 앞으로 나와라.

Come to the front the practitioner who want to show an example to others.

누가 먼저 시범을 보일까?

Who will show an example first?

여러분! 그가(그녀가) 아주 잘했다고 동의합니까?

Do you agree that he(she) is excellent? [3형식]

그(그녀)에게 큰 박수를 쳐주자.

Let's give him(her) a big hand. [4형식]

그의 시범을 따르는 것을 시도해야 한다.

You need to try to follow his(hers) example.

스포츠는 모방이다. 훌륭한 학생의 자세를 모방함으로써 연습해라.

Sports is imitation. Practice by imitating a good student's posture.

모두들 집중(동작을 멈춰라).

Everybody pay attention please.

5명씩 조를 짜라. 그리고 조별로 연습을 해라.

Make a group a five. Please work as a group.

수련생 1인당 10개씩 연습해라.

Practice 10 balls per practitioner.

대기하고 있는 수련생은 스윙동작을 연습해야 한다.

Practitioner (in waiting) practice swing motion.

먼저 너는 무엇을 할 예정이냐?

What are you going to do first?

반복해서 각자 연습해라.

Practice repeatedly by yourself.

나는 개인지도를 위해 순회할 것이다.

I will move around(about) for personal coaching.

(5) 학습태도 지도 Learning attitude coaching

제발 떠들지 마라.

Please stop talking.

민수, 주의해라. 장난하면 안 돼!

Be careful Min-su. Don't play around.

주의를 2번 받으면 너희에게 벌점을 줄 것이다.

If you receive two warnings, I will give you a black mark.

집중해라. Concentrate!

힘들면 잠시 쉬도록 해라.

If you feel tired(= fatigued), take a rest for a while.

(6) 타깃 발차기 지도 Target kicking coaching

가서 타깃을 가져와라.

Go and bring(= get) the target.

타깃을 찰 때, 끝까지 타깃을 보아라. 심지어 당신의 발차기가 끝났을 때도 집중해야 한다.

When you kick the target, you have to keep your eyes on the target. Even you finish the kick you have to keep concentration.

모두 미트 1개씩 가지고 다시 이 자리로 돌아와라.

Everybody should bring a mitt and come back / to this spot.

2인 1조로 만들고 그룹별로 미트 1개씩 가지고 모여라.

Make a group of two, and bring one mitt per group.

2인 1조로 함께 연습할 것이다.

We will practice / in group of two.

3인 1조로 조를 편성해라.

Please organize / in group of three.

조별로 연습하자.

Let's practice as a group.

간격을 유지하면서 조별로 연습해라.

Keep spacing and practice as a group.

교대로 / 연습하자.

Let's practice by taking turns.

서로 마주 보면서 연습해라.

Practice while facing each other.

한 스텝 나가면서 연습해라.

Practice taking a step / forward.

공중에서 점프한 상태에서 타깃을 차야 한다.

You have to kick the target / while jumping in the air.

점프하면서 타깃을 끝까지 쳐다본다.

Keep your eyes on the target while jumping.

좌우로 움직이는 동안에(움직이면서) 타깃을 차라.

Kick the target / while you are moving from right to left.

타깃을 움직임으로써 너의 무게 중심을 이동시켜라.

Move your center of gravity / by moving the target.

너의 무게중심을 앞쪽으로 이동함으로써 타깃을 차라.

Kick the target by moving your center of gravity / forward.

너의 무게중심을 앞으로 이동함으로써 차라.

Kick by moving your center of gravity forward.

박자를 카운트하며 타깃을 차라.

Kick the target while counting.

앞쪽 발로 체중을 옮기면서 스윙의 정점에서 차라.

Kick near the top of your swing by moving your weight to the front foot.

우선, 체중을 앞쪽발로 이동해라. 그런 다음 타깃 쪽으로 몸을 돌려라.

Move your weight to(= toward) the front foot first, And then turn your body to(= toward) the target.

점프 동작으로 높게 차라. Kick high through(= by) a jumping motion.

허리를 뒤로 당김과 동시에 (젖히면서) / 점프하라.

Jump pulling your waist back.

스윙할 때 조심하라.

When you are swing, be careful.

자신 있게 스윙을 연습하라.

Practice swing confidently.

자신 있게 / 차라.

Kick / with confidence.

시선을 타깃에서 떼지 마라.

Keep your eyes on the target.

임팩트 시 엉덩이와 어깨가 타깃에 평행해야 한다.

On impact, the hips and shoulders should be parallel / to the target.

임팩트 시 너의 무게 중심을 오른쪽에서 왼쪽으로 이동해라.

On impact, move(shift) your center of gravity from right to left.

Tip. 타깃 발차기의 분류

타깃 스피드 발차기 Target speed foot kick
타깃을 이용한 이동 발차기 Moving foot kick using target
반응 타깃 발차기 Reaction target foot kick
백을 이용한 발차기 Foot kick using sandbag
미트를 이용한 발차기 Foot kick using mitt

---

(7) 격파 지도 Breaking board coaching

먼저, 어떻게 송판을 잡는지를 배우고 난 다음에 어떻게 격파하는지를 배우겠다.

Learn how to hold the board first and then learn how to break the board.

너희가 격파연습을 할 때는 너의 상대방을 위하여 격파보드를 꽉 잡아 주어라.

When you practice breaking, hold tight your breaking board for your partner.

너희가 격파연습을 할 때는 격파물 중앙을 때려야 한다.

When you practice breaking, you must hit the middle of the board.

점프동작으로 높게 차라.

Kick high through(= by) a jumping motion.

허리를 뒤로 당김과 동시에 (젖히면서) 점프하라.

Jump pulling back your waist back.

스윙할 때 조심하라.

When you are swing, be careful.

자신 있게 스윙을 연습하라.

Practice swing / confidently.

자신 있게 / 차라.

Kick / with confidence.

시선을 타깃에서 떼지 마라.

Keep your eyes on the target.

임팩트 시 엉덩이와 어깨가 타깃에 평행해야 한다.

On impact, the hips and shoulders should be parallel to the target.

임팩트 시 너의 무게 중심을 오른쪽에서 왼쪽으로 이동해라.

On impact, move(shift) your center of gravity from right to left.

Tip. 실패했을 때 용기를 주는 말

너는 이번에는 틀림없이 성공할 것이다.
You are sure to succeed this time.

기합을 크게 지르면서 차라. 너는 할 수 있다.
Kick while yelling loudly. You can do it.

민수에게 박수 한번 부탁드립니다.
Let's give Min-su a big hand.

---

(8) 겨루기 지도 Sparring coaching

① 겨루기의 분류 Classification of sparring

겨루기(호구 착용) Sparring(Protector on)

겨루기(평가전) Sparring(Evaluation contest)

② 겨루기의 기초체력 및 기술 개발 전술과 전략 용어

Basic physical fitness of sparring and development of techniques

- 기초체력 및 기술 개발 전술 Basic physical fitness and tactics of techniques development

기초체력 Basic physical strength(= stamina)

전문체력 Specialized physical strength(= stamina)

기초기술 Basic techniques

개인특기개발 Development of individual fortes

전문기술 Specialized techniques

전술개발 Development of tactics

전략개발 Development of strategy

상대적 전략 완성 Completion of Relative strategy

절대적 전략 완성 Completion of absolute strategy

전술전략완성 Completion of tactic and strategy

전문 기술의 스피드화 Speed up of Specialized techniques

- 전략 용어 strategy terms

  근력 Muscle strength

  지구력 Endurance

  순발력 Power

  스피드 Speed

  유연성 Flexibility

  평형성 Valance

  민첩성 Agility

  협응성(조정력) Coordination

  향상 Upgrade

  유지 Upkeep

  완성 completion

  확립 establishment

(9) **겨루기 준비** Ready for sparring

다음 수업시간에 겨루기 장비를 가지고 와라.

Bring your sparring gears to the next class.

겨루기는 실전시합경험을 통한 자신감을 향상시키고 체력 및 기술 훈련을 통해서 정신력을 강화한다.

Sparring make you to improve your self confidence through practical competition experiences and to strengthen mental power(= spiritual strength) through physical strength and techniques training.

지금부터 이 수업시간 동안 많은 땀을 흘릴 것이다.

From now on, you will get a lot of sweat.

모든 보호 장구를 착용해라.

Put your all guard gear on.

나는 여러분에게 2분을 줄 것이다. 빨리 착용해라. 서둘러라.

I will give you two minutes. Put your all guard gear on fast.
Hurry up.

3분 안에 겨루기 장비를 입어라.

I will give you only 3 minutes to put sparring gears on.

마우스피스를 가지고 있니?

Do you have a mouthpiece?

호구를 서로 묶어 주어라.

Please tie each other's chest guard.

헬멧을 지금 착용해라.

Please put your helmet on now.

시간이 없다. 다 착용했으면 네 자리로 돌아와라.

You don't have time. If you done, go back to your original position.

겨루기 전에 사범님 말을 잘 들어라.

Before sparring, listen to what your instructor say.

너희들이 겨루기 수련할 때, 상대의 얼굴을 차지 마라.

When you practice sparring, don't kick your partner in the face.

너희들이 겨루기 수련할 때, 강하게 차지 마라.

When you practice sparring, don't kick hard.

너희들이 겨루기 수련할 때, 참고 버텨라.

When you practice, push yourself.

상대방이 쓰러졌을 때는 항상 상대방을 도와줘야 한다.

When your partner fall down, you always help your partner.

상대방이 쓰러졌을 때 차거나 때리지 마라.

When your partner fall dow, don't kick and hit.

앞을 봐라. (심사위원께 경례: 수신호)

Face front.

서로 마주 보아라.

Face each other.

상호 간에 경례.

Bow to your partner.

내가 무슨 말 하는지 잘 들어라.

Listen carefully what I said.

상대방과 간격을 넓게 벌려라.

Spread out with your partner.

상대방과 가까이 붙어라.

Close up with your partner.

서로 마주 보고 서라.

Face each other.

내가 "그만" 할 때까지 멈추지 마라.

Don't stop until I say "stop."

겨루기 시작. Begin.

갈려. Break.

겨루기 할 때 사범님 말을 잘 들어라.

During sparring, listen to what your instructor say.

겨루기 할 때 두 손을 펴지 마라.

Please close your hands during the sparring.

겨루기 할 때 두 손을 꼭 쥐어라.

When you practice sparring, hold tight your fist.

겨루기할 때 나에게 너의 자신감을 보여주어라.

Show me your confidence when you practice sparring.

상대가 돌려차기 할 때 무엇을 해야 합니까?

When your opponent does round house kick, what do you do?

뒤로 빨리 뺐다가 돌려차기를 해라.

Try to kick while sliding back fast and round house kick.

상대가 빠른 발을 시도하면 무엇을 해야 합니까?

When your opponent does fast round house kick, what do you do?

바로 뒤차기를 해라.

Try back kick right away.

뒤차기를 찰 때, 뒤로 빠지거나 움직일 수 있습니까?

When you kick the back kick, do you slid back or move back?

뒤차기를 찰 때 절대 스텝을 빼거나 몸을 뒤로 움직이지 마라.

Never slide back or move back when you try back kick.

또한 상대가 돌려차기를 시도할 때 또 어떤 걸 해 볼 수 있나?

Also, when your opponent does round house kick, what else can you try?

아래막고 주먹지르기를 하고 돌려차기를 해 보아라.

Try low block-punch combination and try round house kick.

이것들은 겨루기의 기본 바탕이다.

These are the basis concept of sparring.

상대와 가까이 붙었을 경우 할 수 있는 한 많은 발차기를 해 보아라. 그때가 점수내기 아주 좋은 기회이다.

When you get close to your opponent, try many combination kick as much as you can. It is very good chance to get points.

상대에게 너의 분노를 보여주지 마라.

Do not show your anger to your opponent.

겨루기 하는 동안(할 때) 낮은 자세를 유지해라.

Keep your body lowly while sparring.

점프함에 의해(점프하여) 상대의 가슴 쪽으로 차라.

Kick / toward your partner's chest by jumping.

주의를 2번 받으면 벌점을 부과할 것이다.

If you receive two warnings, I will give you a black mark.

앞을 봐라. (심사위원께 경례: 수신호)

Face front.

서로 마주 보아라.

Face each other.

너는 다음번 시합에서는 이길 것이다.

You are sure to win in the coming competition.

우리는 다음번 시합에서는 틀림없이 이길 자신이 있다.

We are sure to win in the coming competition.

상호 간에 경례.

Bow to your partner.

모든 보호 장구 벗어.

Take off your all guard gear.

서로 악수하고 안아줘라.

Shake hands and hug each other.

겨루기 후에 사범님 말을 잘 들어라.

After sparring, listen to what your instructor say.

겨루기가 끝나고 너의 존경심을 상대에게 그리고 상대 코치에게 보여라.

After sparring, please show your respect to your opponent and opponent's coach.

태권도 겨루기는 싸움이 아니다. 매너가 아주 좋은 스포츠이다.

Taekwondo sparring is not fighting. It is good manner sports.

(10) 풋워크 훈련 Footwork training

풋워크는 공격과 수비를 위한 가장 중요한 기술이다.

Footwork is very important technique for both an attack and for defense.

풋워크는 박자를 잘 맞춰야 한다.

Footwork have to step in rhythm.

너는 더 많은 연습이 필요하다.

You need some more practice.

풋워크는 처음에는 약간 어렵고 지루하다.

Footwork is a little difficult and boring at first.

처음에는 어렵다.

At first, it's a little difficult.

그러나 걱정하지 마라. 계속 연습하면 너는 잘할 것이다.

But don't worry. If you keep practicing, you will do well.

어떻게 풋워크를 하는지를 연습하고 난 다음에 어떻게 차는지를 연습한다.

Practice how to footwork first and then practice how to kick.

어떻게 방어하는지를 배우고 난 다음에 어떻게 공격하는지를 배운다.

Learn how to defense first and then learn how to attack.

어떻게 물러나는지를 배우고 난 다음에 어떻게 전진하는지를 배운다.

Learn how to retreat first and then learn how to advance.

먼저, 어떻게 게임을 플레이 하는지를 연습하면 훌륭한 선수가 될 수 있다.

First, if you practice how to play the game, you can be a good player.

나는 네가 나중에 게임을 하도록 충고하고 싶다. 지금 너는 기본기술을 향상시키기 위해 연습이 더 필요하다고 생각한다.

I'd like to advise you to play the game in the future. Now you need practice to develop your basic skills.

열심히 연습하자.

Let's practice hard.

네가 연습하고 연습하면, 네가 훌륭한 풋워크를 개발할 것이라고 나는 확신한다.

If you practice again and again, I am sure you will develop good footwork soon.

네가 한 단계씩 연습하면, 너는 매우 자신 있게 찰 수 있다.

If you practice step by step, you can kick very confidently.

(11) 기본발차기 훈련 Basic kicking

왕복겨루기(호구 착용) Shuttle sparring(Protector on)

왕복발차기(호구 착용) Shuttle kick(Protector on)

받아차기(호구 착용) Counter kick(Protector on)

기술연결 발차기 Techniques linked foot kick

linked: (형용사) 결합된, 연관된

너는 강한 펀치를 가지고 있다. 그러나 너는 약한 킥을 가지고 있다(너는 펀치는 강한 반면에 킥은 약하다).

You have a strong punch. But you have a weak kick.

겨루기를 하기 전에 너는 기본 발차기를 배워야 한다.

Before you are sparring, you need to learn the basic kicking.

게임을 하기 전에 너는 기본 발차기를 배워야 한다.

Before you play the game, you need to learn the basic kicking.

태권도는 많은 에너지와 지구력, 순발력과 유연성을 요구한다. 그리고 그것은 기초체력을 향상시키는 효과적인 방법이다.

Taekwondo requires a vast amount of energy, endurance, power, and flexibility. And It is an effective way to improve basic strength.

태권도는 많은 무릎운동을 요구한다.

Taekwondo requires a lot of knee movement.

발차기 준비. Make a kicking stands.

(12) 눈싸움 겨루기 Eyes contact sparring

모두 안녕, 지금까지 학교에서 좋은 시간 가졌나?

How are you everyone, did you have a good time in you school so far?

나는 좋고 아주 좋고 날아갈 듯한 기분이다. 오늘 수업은 겨루기이다.

I'm fine and great, excellent. We will learn sparring class today.

너의 파트너와 서로 마주 보고 상호 간에 경례.

Face each other with your partner, bow each other.

눈싸움 겨루기 준비, 너의 눈을 부릅떠라. 겨루기 동안에 너의 눈을 깜빡거리지 마라.

Ready for eye contact sparring, strain your eyes. Don't blink your eyes during the sparring.

눈을 깜빡거리면 게임에서 지는 것이다. 나는 여러분에게 1분을 줄 것이다, 시작.

If you blink your eyes, you lose the game. I will give you one minute, begin.

게임에서 진 사람 손들어라. 좋아, 패자가 승자를 위해 업어줘라.

A person who lost game, raise your hand. OK, loser piggy back for winner.

이제, 미소 겨루기 준비, 다시 상대방과 마주 보고, 내가 시작 하면 스트레스를 풀고 깨끗한 마음을 갖기 위해서 크게 웃어라.

Now, ready for smile sparring, face each other again, when I say go, to release your stress and to have a clean of mind.

(13) 열정 겨루기 Enthusiasm sparring

재미있고 신이 나냐? 이제, 열정 겨루기를 해 보자.

Are you fun and exciting? Now, let's practice enthusiasm sparring.

내가 어떻게 하는지를 보여줄 것이다. 이렇게 양손을 들어 올리고 가슴속에 있는 무엇인가를 외치듯이 크게 말한다. 점핑은 네가 할 수 있는 만큼 최대한 뛰면서 외친다.

I will show you how to do that. raise your hans like this and Say loudly something in your mind like shout. Jumping up as much as you can and shout(= say).

나는 나 자신을 사랑한다. 나의 가족을 사랑한다. 나는 승자가 될 것이다. 나는 자신 있다. 나는 세상에서 최고이다.

I love myself. I love my family. I will be a winner. I have confidence. I'm the best in the world.

너희들은 나처럼 할 수 있느냐? 좋아, 수고했다. 전체 자리에 앉아. 한쪽 무릎을 꿇고 앉아라.

Can you do it like me? You guys good job. Everyone have a seat. Sit on your one knee.

나는 무엇이 겨루기이고 무엇이 경쟁인지 말해주겠다.

Let me tell you what is a sparring and what is competition.

경쟁이라는 것의 진정한 의미는 다른 사람과 싸우는 것을 말하는 것이 아니다. 만약 너희들이 아주 잘하는 발차기 기술과 주먹지르기 기술을 가지고 있다면, 그 겨루기 게임에서는 승리할지도 모른다.

The true mean of competition is not fight with other person. If you have good kicking techniques and punching techniques, maybe you will win the sparring matches.

하지만 여러분은 인생에 대하여 승리자가 될 수 없을 것이다. 그것은 너희들 자신을 위한 진정한 승자가 될 수 없다는 것을 의미한다.

But you couldn't be winner for your life. That means you can not become a true winner for your life.

경쟁이라는 것의 진정한 의미는 다른 사람과 싸우는 것을 말하는 것이 아니라, 너 자신과 경쟁하는 것이고 불굴의 투지로 너 자신을 극복하는 것이다.

The true mean of competition is not fight with other person, is to compete with yourself and to overcome yourself with indomitable spirit.

좋아, 한 명씩 해 보자. 상대방에게 아주 큰 박수를 보내 주어라.

OK, let's do it one by one. Give your partner a big hand.

(14) Rps 게임(가위바위보 게임, "Rock, paper, scissors game")

가위, 바위, 보 게임 준비 Ready for rps game.

하나, 둘, 셋 One, two, three.

네가 이겼다. You win.

네가 졌다. You fail.

(15) 팔씨름 Indian arm wrestling

팔씨름 준비 Ready for Indian arm wrestling.

시작 Go.

네가 이겼다. You win.

네가 졌다. You fail.

(16) 호신술 지도 멘트 Self defense techniques coaching ment

너희들이 호신술을 수련하기 전에 반드시 호신술의 정의와 호신술의 종류가 무엇인지를 알아야 한다.

You have to know about what is definition of self defense and kinds of self defense.

호신술은 너의 신체를 보호하는 것뿐만 아니라 정신적이고 감정적, 영혼적인 보호를 의미하는 것이다.

The best self defense means not only protection of your body but also mental, emotional, spiritual protection.

최고의 호신술은 자신과 경쟁하는 것을 의미하는 것이다. 태권도의 행동 철학은 자신과 싸우는 것이고, 그것은 자신감과 지혜를 만들어준다.

The best self defense means to compete with yourself. Taekwondo's action philosophy is to compete with yourself.

내가 말한 것을 이해하겠나?

Can you understand what I said?

좋아. 이제 기본 호신술 1번을 배워보자.

OK. Now Let's learn self defense techniques No.1.

이번에는 호신술 4번을 연습한다.

This time, let's learn self defense techniques No.4.

다음에는 호신술 7번을 연습한다.

Next time, let's learn self defense techniques No.7.

먼저, 어떻게 하는지를 잘 보고 너의 파트너와 함께 연습한다.

First, look carefully how to do that and practice with your partner.

내가 "그만"이라고 말할 때까지 번갈아가면서 연습한다.

Practice alternately, continue until I say "stop."

나의 오른쪽 줄에 서 있는 수련생들부터 먼저 한다. 상대방에게 몸통지르기 공격을 하면 상대방은 손날막기로 막으면서 왼손으로 얼굴을 공격하고 오른손으로 옆구리를 공격해라. 그런 다음 손날목치기 공격을 시도한다.

The student standing on the right line go first. If you attack trunk punch to your partner, the opponent attack the face with your left hand blocking '손날막기' and attack the side with the right hand. And then try to attack '손날목치기.'

수고했다. 모두 제자리에 앉아.

Well done. Everyone have a seat.

나는 여러분에게 최고의 호신술 3가지가 무엇인지를 설명할 것이다. 여러분은 명심해야 한다. 절대로 잊지 마라.

I will explain(= tell) you what are the best 3 self defense techniques. You have to keep in your mind. Don't forget it.

첫째는 어떠한 문제도 자초하지 않는다는 것이고, 둘째는 줄곧 이야기하는 것이고, 떠나는(피하는) 것이고, 도망치는 것이다. 셋째는 자신감 있는 미소이다.

The first is not ask for any problem, the second is talking away, walking away, running away. The third is smile with confidence.

미소는 너희들을 행복하게 만들어 줄 것이고 다른 사람들을 행복하게 만들어 줄 것이다. 만약 너희가 항상 얼굴을 찡그리고 있다면 너희 친구들은 너를 좋아하겠느냐 아니면 미워하겠느냐? 어느 것이 더 좋겠나?

Smile makes you happy and makes another people(= other peoples) happy. If you have ugly face, do your friends like you or hate? Which one is better?

분명히, 너희 친구들은 미소를 좋아할 것이다. 미소는 자신감을 의미한다. 모두 내가 한 말을 이해하겠니?

Definitely, they like your smile. Smile means self confidence. Did you get it what I say?

그래서 호신술은 너희에게 평화로운 마음과 우리 사회와 조국에 대하여 진정한 용기를 준다. 그것이 내가 무도로시의 진정한 태권도의 의미를 배우는 이유이다.

Therefore self defense techniques give you peace of mind and true courage for our society and our country. That is the reason learning of meaning of true Taekwondo as a martial arts.

앞을 봐라.
Face front.

뒤를 돌아 나를 봐라.
Turn around and face me.

뒤를 돌아 앞을 봐라.
Turn around and face front.

얼굴을 오른쪽으로 돌려라.
Face to your right.

얼굴을 왼쪽으로 돌려라.
Face to your left.

face: (자동사) 얼굴을 돌리다

얼굴을 카메라 쪽을 향해라.

Face toward the camera.

face: (타동사) 마주보다. 대면하다

상대방과 함께 가깝게 서라.

Close up with your partner.

eye: (타동사) ~을 눈여겨보다. ~을 보다

※ 우로봐, 좌로 봐, 바로.

※ Eyes right, eyes left, eyes front.

※ 좌우향우, 앞으로 나란히, 바로.

※ Eyes center, eyes in front, eyes front.

상대방의 팔목을 잡아라.

Grasp your partner's forearm.

grasp(= hold): ~을 붙잡다

서로 마주 보고 어깨 잡고, 아래위로 흔들어 주어라.

Face each other and hold shoulder, shake up and down.

너의 오른손으로 막고, 너의 왼발로 차라.

Block by your right hand, kick by your left leg.

이렇게 잡고, 들어 올리고, 그를 던져라.

Grasp(= Hold) like this, lift up, throw him.

그것을 이렇게(이런 방법으로) 하는 거야, 이해할 수 있겠니?

Do it like this(= in this way), did you get it?

이런(그런) 식으로 하는 거야, 이해할 수 있겠니?

Do it like this(like that), can you get it?

토니, 이런 식으로 해 봐.

Tony, try it this way.

틀렸다. 다른 식으로 해 봐.

You take wrong way, now do other way.

잘 봐라, 내가 어떻게 하는지 보여줄게.

Look carefully, I will show you how to do that.

이런 식으로 해 봐, 너의 팔을 쭉 펴고 주먹을 가운데로 질러라.

Try it this way, straighten your arm and punch with your fist towards the center.

(17) 게임 지도 멘트 Game coaching ment

모두 주목!

Everyone attention!

오늘은 우리 다른 경주를 해 보자. 짝을 찾으렴.

Let's have another race, today. Pick a partner.

나란히 함께 서 보렴, 좀 더 가까이.

Stand together shoulder to shoulder closer.

나란히 함께 앉아라, 좀 더 가까이.

Sit together side by side closer.

옆에 있는 사람의 다리를 함께 묶으렴.

Tie your legs together.

너희들은 어깨를 맞대고 가야 한다.

You have to go shoulder to shoulder(= side by side) with your partner.

너희들은 같이 움직여야 한다. 그렇지 않으면 넘어질 거야.

You guys have to work together. Or you will fall.

단체 게임은 여러분에게 단체 경기를 통한 팀의 조화를 만들도록 도움을 줄 것이다.

Team games will help you to create a harmony of team through team games.

이제 준비됐지?

Now, is everyone ready?

우리는 준비됐어요.

We're ready.

(18) **기초체력훈련** Basic physical strength training

우로 나란히! Right dress(= face)!

좌로 나란히! Left dress(= face)!

앞으로 나란히! Forward dress! (= Eyes in front!)

① **체력훈련 및 체력 테스트** Physical fitness training and Physical fitness test.

체전굴 Trunk flection(= flexion)

체후굴 Trunk extension

몸통 유연성 검사 Bridge up test

고관절 유연성 검사 Flection(= Flexion) of hip joint

개구리형 서기(평형성 검사) Tip up balance

tip up: ∼을 기울이다
tip over: ∼을 뒤집어엎다

외발서기(평형성 검사) Stork stand

물구나무서기(평형성 검사) Hand stand

허리 넣기 Waist push in

복근훈련 Abdominal muscle exercise

지그재그 달리기 Zig zag run

버피 테스트 Burpee test

왕복달리기 Shuttle run

등넘어뛰기 Jumping over the back and run

무등 태워 걷기 Carrying a man on the shoulder walk

피칭 Pitching

② 숏피칭 Short Pitching

전력질주 Full speed run

양발모아 넓이 뛰기 Joined feet board jump

두발 점프 20회 Two feet jump 20 times

전후좌우 점프 Forward backward left right jump

두발모아 좌우뛰기 Joined feet left right jump

팔굽혀펴기 20회 Pushup twenty times

배밀기 30회 Abdominal pushing thirty times

볼을 이용한 유연성 훈련 Flexibility training using ball

윗몸일으키기 Sit-ups

어떻게 하면 멋진 복근을 가질 수 있을까요?

How can I have a nice six-pack?

왜 너는 멋진 복근을 갖고 싶니?

Why do you want have a nice six pack?

나는 네가 멋진 복근을 만들기 위해 윗몸일으키기를 많이 할 필요가 있다고 생각한다.

I think you need to do a lot of sit-ups to make a good six-pack.

여러분은 일주일에 3번 이상 운동해야 한다.

You have to exercise more than three times a week.

여러분은 일주일에 3번 이상 줄넘기를 해야 한다.

You have to skip rope more than three times a week.

너는 동작에 있어서 매우 민첩하다. You are very agile in movement.

(= You are very quick in movement.)

너는 기량에 있어서 매우 뛰어나다.

You are really superior in technique.

너는 기량에 있어서 매우 열등하다.

You are really inferior in technique.

너의 체력이 많이 늘었다.

Your strength has increased.

너의 체력이 많이 줄었다.

Your strength has declined.

체력에 대해서 이것이 한계냐?(더 이상 버티기 힘드냐?)

Is this the limit of your physical strength(= endurance)?

너는 체력을 더 길러야 한다.

You have to develop your physical strength.

(= You have to build up your physical strength.)

연습이 완벽을 만든다. 최선을 다해라.

Practice makes perfect! Do your best!

(19) **무도철학** Martial arts philosophy

모두 제자리에 앉아, 먼저 두 눈을 감고 등을 바로 세워라. 그런 다음 평화로운 마음을 가져라. 천천히 그리고 부드럽게 숨을 쉬면서 주의 깊게 들어라.

Everyone have a seat, close your eyes and stretch your back first and then have a piece of mind. Listen carefully take a breathing slowly and smoothly.

꿈과 목표가 없이 너희들은 성공적인 인생을 만들 수가 없다. 성공적인 삶을 만들기 위해서, 우선 너는 너의 목표를 세워야 한다. 이것을 잊지 말고 명심해라.

You can't make successful life without dream and goal. You have to set up your goal first to make successful life. Don't forget it and you have to keep in your mind.

세계의 역사 속에서 가장 성공한 사람들은 꿈을 갖는 것으로부터 시작하였다.
The most successful people begun with dream in the world history.

인생에서 승리자가 되는 것은 꿈을 갖는 것으로부터 시작하고, 인생에서의 실패자가 되는 것은 꿈을 가지지 않는 것으로부터 시작한다.
Becoming a winner (in life) begin with dream, becoming a loser (in life) begin without dream.

꿈은 물속에 사는 물고기에게 물과 같은 것이다. 물 없이 물고기가 살 수 있다는 것을 상상할 수 있는가? 단정적으로 아니다.
A dream is like water of fish living in the water. Can you imagine without water? Definitely, no.

모두 나를 따라 크게 외쳐 보아라.
Repeat after me loudly(= loud).

개인적인 역량을 발전시키는 것은 꿈과 함께 시작한다. 꿈은 내가 내 인생을 영원히 변화시키도록 도와줄 것이다.
Developing personal power begins with dream. A dream will help me change my life forever.

인생의 성공을 위하여 책을 읽어라, 열심히 일하라, 열심히 공부하라, 열심히 놀아라, 그리고 인생의 챔피언이 되자.
Read the book, work hard, study hard, play hard to be successful in your life and let's be life champion.

나의 목표는 무엇인가?
What is(와리스) my goal?

나는 나의 목표를 위해 무엇을 하고 있는가?
What I am doing for my goal?

나의 강점과 약점은 무엇인가?

What is a strong point and a weak point?

나의 장점과 단점은 무엇인가?

What is my merit and demerit?

이러한 문제들에 대해서 깊이 생각해 보자.

Let's think about these matter deeply.

태권도의 진정한 의미에 대해서 생각해 본 적이 있니?

Have you ever thought about what is true means of Taekwondo?

(= Did you think about what is true means of Taekwondo?)

만약 생각해 본 일이 있다면, 네 생각에 대해서 말해봐라.

If you have thought, tell me about your idea.

(= If you did, tell me about your idea.)

만약 없다면, 괜찮아. 나는 무도가 자연에 기초를 둔 행동철학이라고 생각한다.

If not, it's OK. I think martial arts philosophy based on nature.

① 조화와 진실 Harmony and truth

- 조화 Harmony

  자연은 우리의 삶에 있어서 가장 중요한 두 가지를 보여준다. 그것은 조화와 진실이라는 것이다.

  Nature exhibits(= shows) the two most important things in our lives. That is harmony and truth.

  자연의 원리는 우리의 인생에서 '음'과 '양'이라 불리는 양면성이다.

  The principle of nature is duality called 'Eum' and 'Yang' in life.

  음양은 긍정적인 것과 부정적인 것, 플러스와 마이너스, 여자와 남자, 뜨거운 것과 차가운 것, 물과 불이다.

Eum and yang are positive and negative, plus and minus, male and female, hot and cold, water and fire.

이것에 대해서 한번 생각해 보자. 여기에 전구가 하나 있다.
Let's think about this. Here is a bulb.

전구는 플러스와 마이너스의 결합 없이는 불을 밝힐 수가 없다. 이것이 자연의 조화이다.
Bulb can be no light without plus and minus. This is harmony of nature.

자연의 조화는 생존을 위한 기초이고, 인생에서 성공하기 위한 길이다.
Harmony of nature is the foundation for survival, the way to succeed in life.

이 철학은 우리가 서로 지지해주고 도와야 한다는 것을 가르쳐 주고 있다. 그리고 상호 간의 감사해야 함을 보여주고 있다. 그러나 무엇보다도 그것은 우리가 서로를 존경해야 한다는 것을 가르쳐 주고 있다.
This philosophy teach us to support and help each other. [5형식] And show us mutual appreciation. [4형식] But above all, it teach us to respect one another. [5형식]

이러한 팀워크의 협동(조화)은 서로가 윈-윈 할 수 있는 상황을 만들고, 우리가 승리하는 습관을 개발하도록 도와준다.
This cooperation of teamwork makes for a win-win situation and helps us to develop the winning habit.

지금까지, 나는 조화에 대해서 언급했고, 지금부터는 진실에 대해서 말해주겠다.
So far I mentioned about harmony, from now on I will tell you the truth

• 진실 Truth
너희들도 알다시피 자연은 결코 우리에게 거짓말을 하지 않는다. 진실이라는 것은 정의가 살아 있음을 믿으면서 성실하게 삶을 살아가는 것을 의미하는 것이다.
As you know, nature never lie. Truth means living life with integrity and believing in justice.

이것은(진실은) 승리하는 태도를 개발하는 것에 대한 기초이다. 그리고 그것은 개인적인 힘이다.

Truth is foundation of developing winning attitude, which is personal power.

그것은 탁월한 인격과 긍정적인 성격의 형성에 대한 청사진이다.

That is the blueprint about formation excellent personality and positive character.

무도 수련은 행동철학과 함께 신체적, 정신적, 감정적 그리고 영혼적인 훈련과 수양을 포함하고 있다.

Martial arts training incorporates physical, mental, emotional, spiritual exercise and discipline, with action philosophy.

행동철학은 네가 어떤 생각에 대해서 믿을 때, 생각을 행동으로 옮기고 결코 포기하지 않는 것을 의미한다.

The action philosophy means that when you believe in an idea, put it into action, and never give up.

무도수련과 철학은 삶에 있어서 네가 건강한 생활을 만들도록 도와줄 것이다.

Martial arts training and philosophy will help you create healthy living in life. [5형식]

네가 인생의 챔피언이 되고자 한다면, 너의 인생을 위해 네가 성공을 만들기를 원한다면, 먼저 너는 너의 목표를 설정해야 하고 너의 목표를 위해 끊임없이 열심히 노력해야 한다. 또한 네 목표를 성취(달성)할 때까지 결코 포기하지 말아야 한다.

If you want to be life champion, if you make success for your life, you have to set up your goal first and continuously work hard for your goal. And never ever give up until achieving your goal.

내가 말한 것을 여러분은 이해하겠는가? 무도의 진정한 의미가 무엇인지를 잊어서는 안 된다.

Did you get it what I said? Don't forget what is true mean of martial arts.

② 지식과 지혜 Knowledge and wisdom 〈Storytelling〉

아주 오래전, 한 임금이 그의 아들을 위해 며느리를 얻기를 원했다. 그의 아들은 아주 똑똑하지 못했다. 그래서 그는 그의 아들과 나라를 위해 매우 똑똑한 그의 며느리를 찾고 있었다.

Long long time ago, one king want to get a daughter-in law for his son. His son is not smart enough. Therefore, he is looking for very smart his daughter-in law for his son and country.

그 왕은 많은 젊은 아가씨들을 시험했고, 최종적으로는 그는 그의 아들과 결혼시키기 위해 3명의 아가씨를 선택했다.

He tested many beautiful young lady, finally he chose three young lady for getting marry with his son.

어느 날 그는 그들이 얼마나 똑똑한지를 알고 싶었다. 그래서 그는 어떻게 시험할 것인지를 생각했다. [3형식 명사절과 명사구]

One day, he want to know how they are smart. So, he thought how to test these young lady.

그는 신하에게 쌀 1kg을 가져오라고 명령했다. [5형식] 그는 3명의 아가씨들에게 건네주며, "너희들은 한 달 동안 쌀 1kg으로 살아야 한다. 그런 다음 한 달 후에 왕궁으로 돌아오라"고 말했다.

He ordered his minister bring into 1kg rice. He handed out to three young lady, and said "you have to live and survive with 1kg rice for one month. And then back to kingdom after one month."

세 명의 여인들은 한 달 동안 쌀 1kg으로 어떻게 살아야 할지를 괴로워하고 걱정하였다.

All three women anguish and worry how to live for one month.

그래서 첫 번째 여인은 한 달 동안 생존하기 위해서 "나는 쌀죽을 만들어야겠다"고 생각했다. 두 번째 여인 역시 "나는 쌀죽을 만들어야겠다"고 생각했다. 그러나 그녀는 계획을 포기했다. 세 번째 여인은 이 쌀을 어떻게 이용할 것인가를 깊게 생각하고 그날 밤 그녀는 쌀떡을 만들었다. 그리고 아침 일찍 일어나 시장에 갔다. 그녀는 몇몇 사람들에게 떡을 팔았고 그녀는 약간의 돈을 벌 수 있었고, 그녀는 약간의 쌀을 다시 사고 떡을 만들었다.

Therefore the first young lady thought that she would make rice soup to survive for one month. Second lady thought that she would make rice soup as well as, but she gave up the plan. The third one thought very deeply how to use this rice, she made rice soup that night, and in the next morning she got up early and went to market place, she sold rice cake to some people and she can get some money, she bought some rice again and made rice cake.

한 달 후에 그녀는 떡과 약간의 돈을 가지고 왕궁으로 돌아왔다. 그녀는 왕이 매우 행복하도록 만들었다. 마침내 그녀는 며느리가 되었다.

After one month, she came back to kingdom with some money and rice. She made king very happy. Finally she became a daughter in law.

이 이야기는 우리에게 지식과 지혜가 얼마나 중요한지를 말해준다. [4형식 명사구] 현명한 사람이 되기 위해서, 너희들은 매일의 일상생활에서 문무를 겸비한 무도인이 얼마나 중요한지를 명심해야 한다. [3형식 명사절]

This story tell us how important is knowledge and wisdom to become a wise man, you have to remember how important is a warrior with literary and military combined in him.

③ 전력투구 Trying your best efforts like a pitcher throws a ball〈Storytelling〉
석양 무렵에 늑대가 여우를 쫓아 달리고 있었다.
Toward sunset a wolf ranning after a fox.

스승이 제자에게 물었다.
The teacher asked his pupil.

"어떤 동물이 승자가 될 거라고 생각하느냐?"
"Do you think which animal is winner?"

그의 제자가 질문에 분명하게 대답했다.

His pupil definitely answered(replied to) a question.

"제 생각에는 승자는 늑대가 될 것입니다."

"I think that winner will be the wolf."

스승이 단호하게 말했다.

The teacher firmly said.

"한마디로 틀렸네. 내 경험으로 승자는 여우가 될 거라고 단언할 수 있네."

"You are the wrong. I can conclude from my experience that the winner will be the fox."

제자가 스승에게 그 이유를 물었다.

The pupil asked his teacher the reason.

"왜냐하면 늑대는 한 끼의 식사를 얻기 위해서 달리고 있지만 여우는 목숨을 걸고 (전력을 다하여) 달리기 때문이지."

"Because a wolf is running to gain a meal, but a fox is running with all his might."

태권도 정신에 대해서 생각해 보아라.

Think about Taekwondo spirit.

태권도의 5대 정신(신조)은 예의, 염치, 극기, 인내, 백절불굴이다.

Five tenets of Taekwondo is courtesy, integrity, perseverance, self control, indomitable spirit.

④ 예의 Courtesy

예의는 스스로를 존경하고, 다른 사람을 존경하는 것을 의미한다. 다시 말해, 존경에는 두 종류가 있다. 하나는 자신을 위한 것이고, 다른 하나는 다른 사람들을 위한 것이다.

Courtesy means respecting yourself and respecting other person. In other words, there are two kinds of respect. One for yourself and the other for others(= other people).

전자 없이 후자를 가질 수 없다. 왜냐하면 먼저, 자신을 먼저 존중하지 않으면 타인도 존중할 수 없고, 스스로를 존경하는 사람만이 다른 사람들을 존경할 수 있기 때문이다.

You can't have one without the other. Because if you don't respect yourself first, you can't respect other people. Because the only man who respect himself can respect other people.

이것은 자기 존중을 통해서 여러분은 자신과 다른 사람들을 돌보는 것을 배운다는 의미이다. 자신을 존경하는 사람은 자신에게 명예를 가져오는 방식으로 항상 행동한다.

This means that through self respect, you learn to take care of yourself and others. Someone who respects himself always act in ways that brings honor to himself.

그러므로 예로 시작해서 예로 끝난다는 것은 존경으로 시작해서 존경으로 끝난다는 것을 의미하는 것이다. 간단히 말하면, 태권도 정신의 첫 번째는 세심한 배려인 것이다.

Therefore, that Taekwondo begins with courtesy and finish with courtesy is that Taekwondo begins with respect and finish with respect. In short, the first of Taekwondo spirit is thoughtful consideration.

⑤ 염치 Integrity

태권도는 예로 시작해서 예로 끝난다. 염치는 먼저 부끄러움을 아는 것이고 명예를 지키는 것을 의미한다.

Taekwondo begins with the courtesy and ends with the courtesy Integrity means that you know a sense of shame first and then keep a sense of honor.

왜냐하면 부끄러움을 아는 사람만이 명예를 지킬 수 있기 때문이다.

Because the person who know a sense of shame can keep a sense of honor.

예를 들어 염치는 남이 보지 않을 때조차 열심히 수련하고, 심사를 받지 않고 다른 사람과 시합하지 않을 때조차도 열심히 수련해야 한다는 것을 의미하는 것이다.

Integrity means that you train hard even if no one is looking and even when you are not being judged or competing with others.

염치는 또한 시합에서 어떤 상도 받지 못하는 경우에라도 명예로운 방법으로 도장을 대표한다는 것을 의미한다.

Integrity also means representing your dojang in an honorable way at competition even if you won't win any awards.

염치를 지키는 것이 처음에는 어렵다는 것을 기억해라. 그러나 여러분 가슴속 깊은 곳에서는 여러분이 올바른 일을 했다는 것을 알고 있다. 그러므로 여러분은 수련자로서 항상 최선을 다해야 한다.

Remember that the price of integrity is high at first. But you know, deep down in your heart that you have done the right thing! So, you should do(give) your best effort all the time.

⑥ 극기 Self control

극기는 자신과의 싸우는 것을 의미한다. 다시 말해 극기란 너의 마음과 신체를 통제하는 것을 의미한다. 이것은 여러분이 화가 났을 때, 침착함을 유지하는 것을 의미하고, 주먹이나 발이 아닌 이성(머리)을 사용한 것을 말한다. 종종 사람들은 그들의 나쁜 감정을 남에게(다른 사람들에게) 소리를 지르는 것이나 주먹으로 벽을 치는 것으로 나타낸다.

Self control means to compete with yourself. In other words self control means taking control of(= over) your body and mind. This means staying calm and using your head not your fist one foot when you get upset. Often people act out their negative emotion by yelling at others or punching the wall.

대신에(반면에), 여러분은 감정을 조절하는 것과 침착하게 표현하는 것을 배워야 한다. 다른 사람들이 두려워하거나 화가 나서 자신을 통제하지 못할 때, '태권도인'은 두려움과 분노에 대응하기 위해 반드시 침착해야 하고 자신의 정신력을 꼭 사용해야 한다.

Instead, you must learn to control your emotion and to express stay them calmly. When other people lose control because they are scared and angry, 'Taekwondo-in' must stay calm and use his or her mind to respond to fear and anger.

자신의 정신력을 사용하는 것에 의해, 여러분은 어떠한 상황에서도 어려운 문제들을 풀 수 있고, 어떠한 어려움이라도 극복해 낼 수 있다. 결국, 극기는 여러분이 태권도 수련을 통해 반드시 배워야 할 가장 중요한 것들 중의 하나이다.

By using your mind, you can solve a difficult problem under any circumstance and you can overcome under any difficulties. Finally, self control is one of the most important things that you have to learn through Taekwondo training.

나의 적은 상대가 아니라 나 자신 속에 숨어 있다. 나의 적들은 불안, 분노, 두려움, 자만심(허영심) 등이다. 여러분은 그것을 잊지 말고 명심해야 한다.

My enemy is not the opponent but myself. My enemies are anxiety, anger, fear, vanity. Don't forget it and you should keep in your mind.

그러므로 만약 당신이 진정한 태권도를 배우길 원한다면, 먼저 당신의 마음을 스스로 조절해야 한다. 스스로의 통제가 없는 것은 아무것도 아니다.

Therefore, if you want to learn real Taekwondo, you have to control your mind first. Without self control, that's nothing.

⑦ 인내 Perseverance

인내는 백 번 연습하고 천 번 갈고닦는 것을 의미한다.

Perseverance means that practice one hundred times and cultivate one thousand times.

백 번 연습하면 스스로 깨닫고 천 번 연습하면 신기(神技)를 얻는다.

If you practice one hundred times realize yourself and gain(acquire) beyond human power.

태권도는 지르고 차는 것 이상이다. 태권도 인이 된다는 것은 성실하고 겸손한 태도를 요구한다. 대부분 가치 있는 일이 그렇듯이 태권도에 능숙해지는 것은 많은 시간과 인내가 필요할 것이다.

Taekwondo is much more than punching and kicking. Being a Taekwondo-in requires sincere and humble attitude. Like most anything worthwhile, becoming really good at Taekwondo is going to take a lot of time and patience.

그러나 좋은 소식은 태권도 트레이닝은 여러분이 육체적으로나 정신적으로 더 강한 사람이 되도록 만들 것이고 네가 특별한 사람으로 만든다는 것이다.
But good news is that Taekwondo training will make you stronger person and makes you a special person.

⑧ 백절불굴 Indomitable spirit

백절불굴은 여러분이 백 번 패배 당한다 할지라도 도전하는 것을 계속 유지한 것을 말하고, 그것은 또한 한번 뜻과 목표를 세우면 어떠한 상황에서라도 목표를 성취하는 굴하지 않는 정신을 의미한다.
Indomitable spirit means that you keep challenging even if being defeated one hundred times. It also means that once any goals are established, accomplish the goals under any circumstance.

그러므로 훌륭한 인생의 챔피언이 되기 위해서는 태권도 5대 정신을 항상 명심하고 행동으로 실천하려고 노력해야 한다.
Therefore you always have to keep in your mind the five tenets of Taekwondo and have to try to put it into action to become a good life champion.

(20) 마무리 멘트 Arrangement

어제 무엇을 배웠는지 기억하니?
Did you remember what you learned?

어제, 우리는 기초 이론과 기본 기술을 배웠다.
We learned the basic theory and basic techniques yesterday.

처음에는 약간 어렵다. 그러나 계속 연습하면 여러분은 잘할 것이다.
It is a little difficult. But if you keep practicing, you will do well.

걱정하지 마라.

Don't worry.

다음 시간부터, 우리는 연간계획에 의해 겨루기와 호신술에 대해서 배울 것이다.

From the next class, we will learn about sparring and self defence techniques according to the syllabus.

오늘 수업은 여기까지이다.

It's time to finish the class. (= Let's call it a day.)

태권도 교육수업에 사용했던 모든 기구들을 제자리에 정리정돈해라.

Replace everything we have used for Taekwondo education class.

(= Put everything back in place.)

내 얘기가 지루합니까?

Am I boring you?

내 얘기가 재미있습니까?

Am I exciting you?

즐거웠습니까?

Did you enjoy it?

모두들 만족하십니까?

Are you all satisfied?

태권도 수업은 어땠어요?

How was the Taekwondo class?

재미있었습니까?

Did you have fun?

나의 도복은 땀으로 흠뻑 젖었다.

My uniform is wet with sweat.

셔츠가 땀으로 젖었다.

The perspiration passed through my shirts with sweat.

등에서 땀이 줄줄 흘러내린다.

The perspiration ran down my back.

여러분의 이마 위에 땀방울이 맺혔다.

Drops of sweat stood on your brow.

땀을 닦아라.

Wipe sweat away.

여러분의 이마의 땀을 닦아라.

Wipe (the) perspiration from your forehead.

(= Mop your brow.)

목욕으로 땀을 씻어라.

Take a sweat in a bath.

인간은 땀 흘려 일해야 한다.

Man must live by the sweat of his brow.

수업을 마칠 시간이다.

It's time to finish the class. (= Let's call it a day.)

클럽과 공을 제자리에 갖다 놓아라.

Replace the clubs and balls.

미트를 제자리에 갖다 놓아라.

Replace the mitt.

공을 주워 볼 박스에 그것들을 갖다 놓아라.

Pick up the balls and replace them in the ball box.

기구들을 정리하고 네 자리로 돌아가라.

Arrange the tools and go back to your position.

운동기구는 제자리에 갖다 놓고 그것들을 재정리해라.

Replace the instruments and rearrange them.

(= Please rearrange the instruments.)

머리 보호대, 몸통 보호대, 팔목 보호대, 정강이 보호대, 낭심 보호대를 제자리에 갖
다 놓고 재정리해라.

Put back your head gear, chest protector, arm guards and shin guards, groin protector and
rearrange them.

서둘러라! 시간이 없다.

Hurry up! We don't have time.

우리는 한 시간 동안 태권도의 기본동작에 대해서 배웠다.

We learned about the basic motions of Taekwondo for one hour.

우리는 한 시간 동안 태권도의 기본발차기에 대해서 배웠다.

We learned Taekwondo basic kick for an hour.

우리는 한 시간 동안 태권도의 품새에 대해서 배웠다.

We learned Taekwondo poomsae for an hour.

우리는 한 시간 동안 태권도의 겨루기 기술에 대해서 배웠다.

We learned Taekwondo sparring for an hour.

우리는 한 시간 동안 태권도의 격파기술에 대해서 배웠다.

We learned Taekwondo braking board for an hour.

우리는 한 시간 동안 태권도의 호신술에 대해서 배웠다.

We learned Taekwondo self defence technique for an hour.

우리는 한 시간 동안 낙법에 대해서 배웠다.

We learned Taekwondo breakfall for an hour.

우리는 한 시간 동안 태권도의 시범에 대해서 배웠다.

We learned Taekwondo demonstration for an hour.

비록 네가 이해하는 것이 매우 어려웠을지라도 의미 있는 시간이었다고 생각한다.

Even if it was very difficult for you to understand, I think we had a very meaningful time.

태권도를 배우는 것은 약간 어렵다. 그래서 많은 시간과 인내가 필요하다.

Learning Taekwondo is a little difficult, so it takes a lot of time and patience.

짧은 수업시간 동안에 기술을 향상시킨다는 것은 매우 어렵다.

It's very difficult to improve skills during a few classes.

비록 그것이 항상 매우 어렵게 느껴질지라도 결코 포기하지 마라.

Even if you feel it is very difficult at all times, never give up.

기술을 향상시키기 위해서 날마다 기본원리에 대해서 이미지 트레이닝하는 것이 매우 중요하다.

It is very important to image train regarding the principle of the basic to improve the techniques every day.

네가 태권도를 연습하는 동안 기본원리를 생각할 때 훨씬 더 향상시킬 수 있다는 것을 명심해라.

Keep in mind that you'll improve better when you imagine the principle of the basic while practicing.

다음 시간부터는 우리는 호신술을 배울 것이다.

From the next class, we will learn self defense techniques.

오늘 대단히 수고 많이 했다.

Thanks for your participation.

내일 다시 보자. 멋진 하루를 보내라.

See you tomorrow. Have a nice day.

다음 시간에 다시 만나자.

See you next time.

(21) **마무리 생활교육** Life education

오늘 수업 어땠니? / 좋았습니다.

How was class today? / It's great, sir.

나는 정말 좋은 시간을 가졌다.

I had a really great time today.

정말이야? 확실하냐?

Are you really? Are you sure?

수고했다. 내일도 오늘과 같이 열심히 하자.

You did good job. Let's work hard tomorrow same as today.

same: (부사) 마찬가지로, 똑같이
in the same place as yesterday: 어제와 같은 장소에서

(남이 한 말을 받아서) 나도(여기도) 마찬가지다.

(음식점에서 주문할 때) 나도(여기도) 같은 것을 주시오.

Same here.

(Merry christmas! Have a nice day! 따위의 인사에 대한 응답)

당신도 그러시기를. Same to you.

네가 집에 돌아가면, 우선 너는 손과 얼굴을 씻고, 그런 다음에 자기 방 청소를 해야 한다.
When you go back home, you need wash your head and face first and then you have to clean up your room.

길 건널 때는 차를 조심하도록 해라.
When you cross the street, watch out the cars.

놀이터에 들르지 말고, 곧장 집으로 돌아가라.
Don't stop playground and go straight back to home.

내일 심사시간 잊지 마라. 내일 보자.
Don't forget testing time. See you tomorrow.

Tip. 정신교육 영어

너의 인생에서 무엇이 가장 중요한가?
What is the most important in your life?

그것은 건강이다. That is health.

누가 너의 최고의 친구인가?
Who is your best friend?

너는 너의 부모님을 얼마만큼 사랑하는가?
How much do you love your parents?

너는 너 자신을 얼마만큼 사랑하는가?
How much do you love your yourself?

태권도 정신은 무엇인가?
What is Taekwondo spirit?

이제, 너의 인생에서 어떻게 성공을 만들 것인지 생각해 보자.
Now, let's think about how to make success in your life.

너는 먼저 너의 목표부터 세워야 한다.
You have to set up your goal first.

어떠한 경우에도 포기하지 마라.
Don't give up at any time.

생각하라, 긍정적으로. Think, positive.

보아라, 긍정적으로. Look, positive.

행동하라, 긍정적으로. Action, positive.

말하라, 긍정적으로. Talk, positive.

너는 너의 인생을 성공해야 한다.
You have to succeed in your life.

※ 태권도 정신

태권도 정신은 칼보다 강하고 불보다 더 뜨거우며 바람에 흔들리지 않고 썩은 물에 흐리지 않는 위대한 혼이 담겨 있다.

Taekwondo sprit means great sprit which is stronger than the sword and hotter than the fire, is not moved by the wind, is not muddied by rotten water.

'지기, 극기, 수기, 성기'를 영어로 어떻게 말하지?

How do you say '지기, 극기, 수기, 성기' in English?

'지철심경'을 영어로 어떻게 말하지?

How do you say '지철심경' in English?

'하복부'를 한국어로 어떻게 설명하지?

How do you say 'abdomen' in Korean?

답을 아는 사람 손들어라.

If you know the answer, raise(= put up) your hand.

손 내려라. Lower your hand. (= Get your hand down.)

나에게 답을 말해라.

Can you tell me the answer.

너의 답은 올바른 답이다.

Your answer is a correct answer.

너의 답은 틀린 답이다.

Your answer is a wrong answer.

너의 답은 틀린 생각이다.

Your answer is a wrong opinion.

(22) **수업 후 명상** Meditation after school

무릎으로 앉아라.

Sit on your knees.

눈을 감고 명상.

Close your eyes and meditation.

오늘 무엇을 배웠는지에 대하여 생각해 보아라.

Think about what you learned today.

오늘 무엇을 배웠습니까?

What did you learn today?

오늘 무엇을 배웠는지 누가 말해줄래?

Who can tell me what you learned today?

부모님을 위해 네가 무엇을 할 수 있을지에 대하여 생각해 보아라.

Think about what you can do for your parents.

훌륭한 무술인은 항상 부모를 공경한다. 그러므로 여러분은 부모를 공경해야 하고, 부모의 말씀을 들어야 한다.

Great martial artist always respect his parents. Therefore you have to respect your parents. You have to listen to what your parents say.

집에 돌아가서 네가 해야 할 일이 무엇인지에 대하여 생각해 보아라.

Think about what you have to do when you go back home.

2) 본 수업 틈새 연결어 Language using in the main class

수업의 단절을 막는 윤활유 역할을 한 틈새어를 반복 연습하여 영어수업이 순간적으로 단절되는 위기를 극복하라.

물어볼 질문 있니?
Do you have a question to ask?

질문 있으면 지금 나에게 물어라.
If you have any question, ask me now.

질문 있으면 내가 순회할 때 나에게 물어라.
If you have any question, ask me when I make the rounds.

답을 아는 사람 손들어라.
If you know the answer, raise(= put up) your hand.

모두를 위해 네가 해 봐라.
You do it for everyone.

나는 네 목소리를 들을 수 없다(잘 안 들린다), 더 크게.
I can not hear your voice, louder.

이쪽으로 와라, 저쪽으로 가라.
Come on over here(= come here), come over there.

철수, 그것을 이리 가져와라.
Chul-su, bring me that one.

연습 다 마쳤니?
Did you finish your practice?

너는 품새 태극 1장을 하급자에게 가르쳐 주어라.
You teach poomsae Taegeuk 1 jang to lower belt.

너는 호신술을 하급자에게 가르쳐 주어라.

You teach self defense to lower belt.

(1) 서바이벌 영어 Survival English

물 먹어도 됩니까?

Can I have some water?

안 돼, 잠깐 기다려라.

No, you can not.

절대로 안 돼. No way.

천천히 먹어라.

Please take your time.

꼭꼭 씹어 먹어라.

Please chew it well.

화장실에 갈 수 있습니까?

Can I go to restroom(= toilet).

그래, 갈 수 있다.

OK, you can go.

집에 가야 할 시간이다.

It's time to go home.

집에 가도 되겠습니까?

Can I go home?

이제 헤어져야 할 시간이다. 내일 다시 보자.

It's time to say good by. See you tomorrow.

(2) 부상 또는 응급 환자 발생 시 When the student injury or first aid patient occurs

턱이 빠졌을 경우에

When the jaw falls out

fall out: (치아, 머리카락) 따위가 빠지다

어깨가 빠졌을 경우에

When the shoulder falls out

팔꿈치가 빠졌을 경우에

When the wrist falls out

발가락이 빠졌을 경우에

When a toe falls out

손목이 삐었을 경우에

When the wrist are dislocated

dislocate: (타동사) ~의 관절을 삐게 하다, 탈구시키다

손가락이 삐었을 경우에

When the fingers are dislocated

발목을 삐었을 경우에

When an ankle are dislocated

고환을 차였을 경우에

In the case the testicles are hitted

testicle: (명사) 고환, 불알

다리에 쥐가 났을 때

When you are seized with a cramp in the leg

cramp: 경련, 쥐

코에서 피가 날 때

When you bleed from the nose

졸도했을 경우에

When you fall down in a faint

faint: (명사) 기절 졸도

명치를 직통으로 맞아 외출혈을 일으켰을 경우에

When you have outer bleeding because of the heavy blow to the solar plexus

그는 코피를 흘리고 있었다.

He was bleeding at the nose.

나는 장딴지에 쥐가 났다.

I have a cramp in the calf.

bleed: (자동사) 피가 나다

그의 손발은 경련을 일으켰다.

His limbs were cramped.

이 태권도화는 너무 꽉 끼어서 발끝이 아프다.

These Taekwondo shoes are too tight, and they pinch my toes.

(3) **생활지도 영어** 1 Life coaching English 1

나는 네게 싸우지 말라고 부탁했잖아.

I asked you not to fight.

나는 네게 싸우지 말라고 말했잖아.

I told you not to fight.

나는 서로 싸우지 말라고 가르쳤다.

I taught you not to fight.

나는 네가 정직하다고 생각한다.

I think you honest.

나는 네가 성실하다고 생각한다.

I think you faithful.

나는 네가 죄가 없다고(결백하다고) 생각한다.

I think you innocent.

나는 네가 똑똑하다고 생각한다.

I think you smart.

나는 네가 어리석다고 생각한다.

I think you stupid.

나는 너를 반장으로 생각했다.

I think you as a chairman.

나는 너를 반장으로 간주했다.

I treated you as you chairman.

나는 너를 반장으로 임명한다.

I appoint you chairman.

나는 너를 불사조라고 이름 지었다.

I named you phoenix.

나는 너를 불사조라고 부를 것이다.

I will call you phoenix.

나는 여러분이 최선을 다하는 것을 좋아한다.

I like you to do your best.

나는 여러분이 서로 사이좋게 노는 것을 좋아한다.

I like you to chum up each other.

chum up: 친하게 지내다

나는 여러분이 남을 돕는 것을 좋아한다.

I like you to help each others.

나는 여러분이 그렇게 행동하는 것을 싫어한다.

I don't like you behaving like that.

나는 여러분이 그렇게 하는 것을 싫어한다.

I don't like you doing such a thing.

나는 여러분이 싸우는 것을 싫어한다.

I hate you to fight.

나는 여러분이 수업 도중에 떠드는 것을 싫어한다.

I hate you to make a noise during class.

나는 여러분이 늦는 것을 싫어한다.

I hate you to be late.

나는 네가 담배 피우는 것을 싫어한다.

I hate you to smoke.

나는 일이 어중간하게 행해지는 것을 싫어한다.

I hate the work by halves.

영수야, 철수랑 인사해라.

Young-su, I want you to meet Chul-su.

너는 이 일이 준비되기를 원한다.

I want this work ready.

나는 즉시 일이 끝마쳐지기를 원한다.

I want this work finished.

너는 내가 너를 위해 무엇을 하기를 원하니?

What do you want me to do for you?

나는 네가 최선을 다해 주기를 원한다.

I want you to do your best.

나는 차를 준비하라고 시킬 것이다.

I will get the car ready.

나는 네가 화난 것을 결코 본 적이 없다.

I've never seen you angry.

나는 나 자신이 그것에 대해서 책임감을 느낀다.

I feel myself responsible for it.

나는 네가 내 방에 들어오는 것을 금지했다.

I forbade you to enter my room.

나는 네가 질문하는 것을 금지했다.

I forbade you to ask.

나는 네가 수업 도중에 물 마시는 것을 금지했다.

I forbade you to drink water during class.

나는 네가 수업 도중에 화장실에 가는 것을 금지했다.

I forbade you to go to the toilet(= restroom) during classes.

나는 네가 휴식을 취하는 것을 허락했다.

I allowed you to take a rest.

나는 네가 화장실에 가는 것을 허락했다.

I allowed you to go to the toilet(= restroom).

나는 네가 시험을 보라고 격려해 주었다.

I encouraged you to take a test.

나는 네가 도전하도록 격려해 주었다.

I encouraged you to challenge.

나는 네가 거짓말하지 말라고 충고했다.

I advised you not to tell a lie.

나는 네가 떠들지 말라고 권고했다.

I recommended you not to make a noise.

나는 네가 싸우지 말라고 경고했다.

I warned you not to fight.

나는 네가 장난치지 말라고 경고했다.

I warned you not to play around.

나는 네가 최선을 다하라고 상기시켰다(반복해서 말해주었다).

I reminded you to do your best.

나는 네가 시험에 합격할 것이라고 약속한다.

I promise you to pass the test.

나는 네가 시험에 합격할 것이라고 확신한다.

I convince you to pass the test.

나는 네가 맞는 것을 보았다.

I saw you beaten.

나는 네가 때리는 것을 보았다.

I saw you hit.

주목하라, 그들이 게임하는 것을.

Notice them play the game.

주목하라, 그들이 시범하는 것을.

Notice them demonstrate.

나는 네가 최선을 다하도록 도와줄 것이다.

I will help you to do your best.

나는 네가 승품심사에 합격하도록 도와줄 것이다.

I will help you to pass the promotion test.

나는 네가 성공하도록 도와줄 것이다.

I will help you to succeed.

① 수업 전 Before class

나는 가방을 가져오라고 말했다.

I told you to bring the bag.

나는 호구를 가져오라고 말했다.

I told you to bring the chest guard.

나는 미트를 가져오라고 말했다.

I told you to bring the mitt.

나는 가방을 제자리에 갖다놓으라고 말했다.

I told you to replace the bag.

나는 그 띔틀을 갖다 놓으라고 말했다.

I told you to replace the buck.

나는 여러분이 집중하라고 말했다.

I warned you to concentrate.

나는 여러분이 조용히 하라고 말했다.

I told you to be quiet.

나는 여러분이 늦지 말라고 말했다.

I told you not to be late.

나는 여러분이 제시간에 오라고 말했다.

I told you to be in time.

나는 여러분이 시간에 맞춰 오라고 말했다.

I told you to be on time.

나는 여러분이 신발을 벗으라고 말했다.

I told you to take off your shoes.

나는 여러분이 목걸이와 반지를 빼라고 충고했다.

I advised you to take off your necklace and ring.

② 수업 시간 During class

나는 여러분이 빨리 차에 타라고 말했다.

I told you to get on the bus.

나는 여러분이 빨리 차에서 내리라고 말했다.

I told you to get off the bus.

나는 여러분이 떠들지 말라고 경고했다. [5형식]

I warned you not to make a noise.

나는 여러분이 장난치지 말라고 경고했다. [5형식]

I warned you not to play around.

나는 여러분이 쓰레기를 치우라고 경고했다.

I warned you to clean the trash.

나는 여러분이 쓰레기를 제거하라고 경고했다.

I warned you to get rid of the trash.

나는 여러분이 집합하라고 경고했다.

I warned you come together.

나는 여러분이 싸우지 말라고 경고했다.

I warned you not to fight.

이번만은 용서해 주겠다.

I will forgive you this time.

그러나 계속 떠들면 여러분에게 벌점을 줄 것이다. [4형식]

But if you make a noise, I will give you demerit point(= black mark).

나는 여러분이 칼을 거두라고 말했다.

I told you to take away the sword.

나는 여러분이 칼을 털라고 말했다.

I told you to shake off the sword.

나는 여러분이 칼을 뽑으라고 말했다.

I told you to draw the sword.

나는 여러분이 호구를 착용하라고 말했다.

I told you to put your chest guard on.

나는 여러분이 호구를 벗으라고 말했다.

I told you to take off your chest guard.

나는 여러분이 호구를 제자리에 갖다 놓고 정돈하라고 말했다.

I told you to replace the chest guard and arrange the chest guard.

나는 여러분이 옆차기를 연습하라고 시켰다.

I had you practice the side kick.

나는 여러분이 휴식하지 말라고 시켰다.

I had you not take a rest.

나는 여러분이 휴식하지 말라고 권고했다.

I recommend you not to take a rest.

나는 여러분이 수업 중에 물을 마시지 말라고 명령했다.

I ordered you not to drink water during class.

나는 여러분이 수업 중에 화장실에 가지 말라고 명령했다.

I ordered you not to go to the restroom during class.

③ 수업 후 After class

나는 여러분이 부모님에게 인사하라고 말했다.

I told you to greet to your parents.

나는 여러분이 항상 겸손하라고 말했다.

I always told you to be modest(= humble).

인사를 잘하는 사람은 상점을 줄 것이다. [4형식]

I will give the students (who is) greeting well merits points.

나는 너에게 하급자에게 앞차기를 어떻게 차는지 가르쳐 주라고 말했다.

I told you to teach the lower belt how to kick the front kick.

Tip. 5형식 동사의 성격분류

체육관에서 가장 많이 지도자가 사용할 수 있는 영어 문장의 형식은 5형식이다.
5형식 동사는 "누가 ~하도록/누가 ~하는 것을/…에게 ~하라고/…에게 ~하겠다고/…
에게 하도록 시켰다/누가 ~하는 것을 보고(보고, 듣고, 느꼈다)" 등으로 쓰고 싶을 때
사용하는 동사들을 말한다.
그러므로 이들 동사들의 성격을 잘 파악하면 체육관에서 얼마든지 쉽게 영어로 생활
지도를 할 수 있다.
수련생이 요구(부탁)한(ask) 것을 말해주고(tell) 만들고(make) 가르쳤다(teach).

수련생을 생각하고(think, consider) 간주하고(regard) 임명하고(appoint) 이름을 부르
다(call).

내가 좋아하고(like) 싫어하고(hate) 원하고(want) 기대하는(expect) 것을 부탁하다
(ask).

내가 금지하다가(forbid) 허용하고(allow) 용기를 북돋워 주다(encourage).

내가 명령하고(order) 충고하고(advise) 권고하고(recommend) 경고하고(warn) 상기시
키다(remind).

나는 훈련시키고(train) 이끌어(lead) 줄 것을 약속한다(promise).

나는 네가 합격할 것이라고 확신한다(convince).

나는 보고(see) 느끼고(feel) 허락하고(let) 도와주라고(help) 시켰다(get, have, make).

나는 네가 ~하다는 것을 발견했다(find) / 알았다(know) / 이해한다(understand)

발견하라(found) / 유지하라(keep) / 내버려 둬라(leave)

Tip. 사역동사의 let, have, make, help, get 동사의 활용순서 흐름

사역 동사 중에서 let 동사는 '허용(허락)'을 나타내고 get, have 동사는 상대를 설득해서 '~하게 한다'는 권유를, make 동사는 '싫어해도 억지로 시키는' 강제적인 상황일 때 주로 사용한다.

그가 가도록 허락해 주세요. Let him go.

그가 가도록 권유해라. Get him to go.

그가 가도록 권유해라. Have him go.

그가 싫어해도 강제로 일하도록 해라. Make him work.

허락해 주세요(let) → ~을 하도록 하게 하다(have, make) → ~하는 것을 도와주다 (help) → 다 끝냈니?(get)

(1) let

① ~하도록 허락해 주세요.
　 TV 보게 해주세요. Let me watch TV.
　 보내 주세요. Let me go.
　 놀게 좀 해주세요. Let me play.
　 나가도록 해주세요. Let me go out.
　 게임 좀 하게 해주세요. Let me play the game.
　 잠 좀 자게 해줘요. Let me sleep.
　 쉬도록 해주세요. Let me take a rest.
　 쉬게 좀 해주세요. Let me take the rest.
　 물 좀 먹게 해주세요. Let me drink water.
　 화장실 좀 가게 해주세요. Let me go to the rest room.
　 영화 좀 보도록 허락해 주세요. Let me see the movie.

　 가게 해주세요. Let me go.
　 그가 기다리도록 해라(두어라). Let him wait.

　 오늘 하루 쉬게 해주세요. Will you let me have a holiday today.
　 무엇을 해야 할지 알려 주세요. Let me know what to do.

　 결정된 것을 알려 주겠다. I'll let you know what was decided.
　 나는 네가 가도록 허락했다. I let you go.

　 제가 도와드릴게요. Let me help you.
　 제가 할게요. Let me do it.
　 불을 꺼뜨리지 마라. Don't let the fire go out.

　 제가 찾을게요. Let me find it.
　 저한테 주세요. Let me have it.

제가 설거지 할게요. Let me wash the dishes.
제가 길을 안내해 드릴게요. Let me be your guide.

② ~을 해라
곧 그것을 하도록 해라. Let it be done at once.
그가 기다리도록 해라. Let him wait.

③ ~을 하지 마라
불을 꺼트리지 마라. Don't let the fire go out.
그녀가 TV를 만지도록 허락하지 마라. Don't let her touch the TV.

④ ~을 허락하지 않을 것이다
나는 그런 일이 일어나도록 허락하지 않을 것이다.
I will not let it happen again.

⑤ ~할 수 없겠니?
그가 혼자 있도록 허락할 수(놔둘 수) 없니?
Can't you let him alone?

(2) ~을 하도록 하게 하다(get, have, make, let)

① 목적격 보어에 동사원형을 취하는 경우
나는 그가 일하도록 하게 했다.
I made him do the work.
나는 그가 잠시 기다리도록 하게 했다.
I made him wait for a while.
나는 그가 그것을 하도록 하겠다.
I will have him do it.
나는 네가 그것을 하라고 하게 할 수 없다.
I can't have you do that.

나는 네가 젊은 나이로 죽게 하게 하지 않을 것이다.
I will not have you die so young.
우리가 진실을 알도록 허락해 주세요.
Let us know the truth.

나는 그가 여기에 오도록 하게 할 것이다.
I will have him come here.
그는 그들이 즉시 출발하도록 명령했다.
I made them start at once.

나는 그가 지붕을 페인트칠하도록 했다.
I had him paint the roof.

그녀는 아들이 더 열심히 공부하도록 했다.
I made her son study harder.
나는 누가 와서 너를 도와주도록 하게 할 것이다.

I will have someone come and help you.
나는 그것을 공개할 것이다. I will make it public.

나는 영어로 나 자신을 이해하도록 하게 할 수 없다(내 의사를 전달할 수 없다).
I couldn't make myself understand in English.

누가 너를 그렇게 생각하도록 만들었니?
Who made you think so?
누가 너를 여기에 오도록 시켰니?
Who made you come here?

나는 나의 아들이 내 차를 닦도록 시켰다(하게 했다). (let, have)
I had my son wash my car.
나는 그가 나의 요점을 이해하도록 하게 할 수 없다. (make, get)
I can't make him understand my point.
(= I can't get him to understand my point.)
나는 그가 나의 상황을 이해하도록 하게 할 수 없다. (make, get)
I can't make him understand my situation.
(= I can't get him to understand my situation.)

매니저는 모든 사람들이 보고서를 작성하도록 하게 했다.
The manager had everybody write a report.
누가 그녀가 울도록 만들었니(강요했니)? Who made her cry?
우리는 그런 일이 또다시 일어나지 않도록 하겠다.
We won't let that happen again.
나는 그가 가도록 했다.
I let him go.

② 목적격 보어에 과거분사를 취하는 경우: 수동적인 동작(~가 ~을 당하다)
나는 내 차가 수선되도록 하게 했다(수선했다).
I had my car repaired.
나는 내 머리가 깎이도록 하게 했다(깎았다).

I had my hair cut.
나는 내 사진이 찍히도록 하게 했다(찍었다).
I had my photo taken.
나는 내 이가 뽑히도록 하게 했다(뽑혔다).
I had my teeth pulled.

나는 이를 때웠다.
I had my tooth stopped.
나는 내 시계가 도난당하도록 하게 했다(도난당했다).
I had my watch stolen.

나는 내 집이 전소되도록 하게 했다(전소됨을 당했다).
I had my house burnt.
나는 울타리에 페인트칠 하도록 하게 할 것이다.
I will have the fence painted.

나는 나의 아들이 의사의 진찰을 받게 했다.

I had my son examined by a doctor.

나는 내 손가락이 문에 끼도록 하게 했다(끼었다).

I got(= had) my finger caught in the door.

나는 내 다리가 부러지도록 하게 했다(부러졌다).

I got(= had) my leg broken.

나는 내 발이 밟히도록 했다(밟혔다).

I got(= had) my foot stepped on.

나는 영어로 나 자신이 이해되도록(대화) 할 수 없다.

I can't make myself understood in English.

나는 그가 이해되도록 만들 수 없다.

I can't make him understood.

너는 너 자신이 존경받아야 하다.

You must make yourself respected.

③ 목적격 보어에 현재분사를 취하는 경우

나는 네가 그와 같이 말을 하도록 하게 할 수 없다.

I can't get(= have) you saying like that.

나는 네가 나에 대해서 그렇게 말하는 것을 원치 않는다.

I won't get(= have) you saying so about me.

나는 그가 계속 걷도록 하게 할 것이다.

I will get(= have) him walking.

나는 그가 계속 일하도록 하게 할 것이다.

I will get(= have) him working.

나는 그가 그것에 대해 계속 이야기하도록 하게 할 것이다.

I will get(= have) him talking about that.

나는 그가 계속 회전하도록 하게 할 것이다.

I will get(= have) him spinning.

나는 그가 계속 연습하도록 하게 할 것이다.

I will get(= have) him working.

나는 그가 계속 공부하도록 하게 할 것이다.

I will get(= have) him studying.

나는 그가 계속 피아노 치도록 하게 할 것이다.

I will get(= have) him playing the piano.

나는 그가 계속 책을 읽도록 하게 할 것이다.

I will get(= have) him reading a book.

나는 그가 계속 음악을 듣도록 하게 하지 않을 것이다.

I will not get(= have) him listening to the music.

나는 그가 계속 TV를 보도록 하게 할 수 없다.

I can't get(have) him watching the TV.

나는 농담으로 그들이 모두 웃도록 했다.

I had them all laughing at my joke.

(3) ~하는 것을 도와주다(help)

나는 그가 책을 찾는 것을 도와주었다.
I helped him (to) find the book.
나는 나의 아들이 내 차를 닦는 것을 도와주었다.
I helped my son (to) wash my car.
나는 나의 아들이 숙제하는 것을 도와주었다.
I helped my son (to) do the homework.

나는 내 아들이 설거지하는 것을 도와주었다.
I helped my son (to) do the dishes.
나는 나의 아내가 부엌 치우는 것을 도와주었다.
I helped my wife (to) clean the kitchen.

비타민은 진정으로 너의 신체가 감기와 싸우도록 도와준다.
Vitamin really help you make your body fight against a cold.
운동은 네가 강한 뼈를 만들도록 도와준다.
Exercise help you make strong bones.

(4) ~을 했니?(get)

숙제를 끝냈니?
Did you get your homework done?
컴퓨터를 고쳤니?
Did you get your computer fixed?
컴퓨터를 수선했니?
Did you get your computer repaired?
차를 페인트칠 했니?
Did you get your car painted?

나는 네가 나의 요점을 이해하도록 하게 할 수 없다.
I can't get him (to) understand my point.
나는 네가 열심히 일하도록 하게 할 수 없다.
I can't get him (to) work hard.

(4) **생활지도 영어 2** Life coaching English 2

도복을 고쳐 입어라. 벨트를 똑바로 매라.

Fix your uniform. Fasten your belt properly.

너는 옷을 갈아입고 빨리 도장으로 와라.

You change your clothes and fast come to dojang.

빨리 사무실로 와라. 들어와라.

Come to the office. Come in.

기억해라, 잊어버리지 말고.

Remember, don't forget it.

(5) **심리적인 문제** Psychological problem

나는 기분이 나쁘다.

I am a bad temper.

나는 기분이 좋다.

I am in a good temper.

나는 자신만만하다.

I am full of self confidence.

나는 자신감이 생긴다.

I gain confidence.

나는 자신감이 없다.

I lack assurance(= confidence).

나는 자신감을 잃었다.

I lost confidence.

나는 성공에 대하여 자신 있다.

I am confident of my success(= victory).

지나친 자신감은 갖지 마라.

Don't be too sure.

균형을 잃지 마라.

Don't lose your balance.

냉정을 잃지 마라.

Don't lose your composer.

화를 내지 마라.

Don't lose your temper.

마음을 잃지 마라.

Don't lose your mind.

진정해라.

Keep cool.

조용히 해라.

Keep quiet.

냉정함을 유지해라.

Keep indifferent.

명심해라.

Keep that in mind.

똑바로 유지해라.

Keep straight on.

돈을 잃어버리면 악착같이 찾으면서 잃어버린 마음은 왜 찾지 않습니까?

(6) 인사 및 예절 지도 Greeting and etiquette coaching

경례라고 인사하는 명령에 여러분은 여러분이 할 수 있는 한 가장 낮게 절해야 한다. 여러분은 여러분이 절하고 있는 사람을 쳐다보지 말아야 한다. 상대방을 쳐다보지 않음으로써 상대를 존경할 뿐만 아니라 신뢰하고 있다는 것을 보여주는 것이다.

At the command to bow you should bow as low as you can. You should not look at the person who you are bowing to. By not look at the person who you are bowing to, you are not only showing him respect, but trust as well.

한국문화에서 절하는 것은 존경심을 보여주는 것이다. 도장에서 예절이라는 것은 사범님과 선배들에게 인사하는 것을 의미한다. 여러분이 인사를 할 때 그들은 항상 다시 인사를 할 것이고(답례를) 그들이 역시 너를 존경한다는 것을 보여줄 것이다.

In korean culture, the act of bowing is to show respect. In the dojang, courtesy means bowing to your instructor, senior students. When you do this, they will always bow back and show you that they too respect you.

도장에 들어왔을 때 여러분은 꼭 절해야 한다. 절하는 것은 그들의 도장과 관장과 사범님, 서로에게 최고의 존경을 보여주는 것이다.

When you walk into the dojang, you must bow. Bowing is how Taekwondo-in show maximum respect to their school, their master, their instructor, each other.

주머니에서 손을 빼라.

Take your hands. (= Out of pockets.)

너는 항상 공손해야 한다.

You must always to be polite.

마룻바닥에서는 신발은 신어서 안 된다.

No shoes are allowed on the floor.

신발을 태권도화로 갈아 신어라.

Change your shoes to Taekwondo shoes.

(7) 집에 가지 않고 놀이터나 게임장에 들른 아이 지도

Coaching of student to go to playground or an computer indoor game

어제 태권도 수업 후에 어디 갔었니?

Where did you go after Taekwondo class yesterday.

놀이터나 PC방에 들르지 말고 곧장 집으로 가도록 해라.

Don't stop playground or PC room and go straight back to home.

시간은 돈이다. 세월은 화살처럼 빨리 지나간다.

Time is money. Time flies like an arrow.

시간은 사람을 기다리지 않는다.

Time and tide wait for no man.

(8) 의기소침한 아이 동기부여 Motivation of depressing the student

너는 아느냐, 내가 너를 얼마나 사랑하는지를.

Do you know how much I love you?

어제 무슨 일을 했는지 기억하니?

Do you remember what did you do yesterday?

나는 네가 할 수 있다고 생각한다.

I think that you can do it.

(9) 싸웠을 때 지도 Coaching when the student fought

서로 어떠한 문제도 만들지 마라.

Don't make any problem each other.

서로 싸우지 마라.

Don't fight each other.

괜찮니? 나는 아무런 문제가 없다고 생각한다.

Are you OK? I think no problem.

지금 이 순간부터 서로 사이좋게 지내라.

Everyone have a good friend of mind each other from this moment.

이번만은 용서해 줄 것이다.

I will forgive you this time.

서로 존경하라.

Respect each other.

공손하고 친절해라.

Be polite and kind.

정중하게 질문해라.

Ask me politely.

태권도인으로서 다른 친구들과 네가 어떻게 어울리는가가 매우 중요하다. 그리고 부모님의 말씀을 반드시 잘 들어야 한다. 태권도인으로서 여러분은 다른 사람들을 놀리는 것은 허락되지 않는다.

As a Taekwondo-in how you play with other friends is very important. You have to listen to your parents. As a Taekwondo-in you are not allowed to make fun of other people(= others).

잠시 시간 좀 내줄 수 있겠어?

Can you spare me a few minutes.

도장에서 무슨 일이 있었니?

What happened in dojang?

왜 그를 욕하는가?

Why do you insult him?

나는 너의 행동을 이해하기가 어렵다.

It is hard to understand your actions.

나는 도저히 당신을 이해할 수 없다.

I can't stop trying to figure you out.

figure out: ~을 이해하다

나는 그가 너를 짜증나게 하고 있다고 생각한다.

I think he is annoying you.

나는 네가 그에 대해서 지긋지긋해 한다고 추측한다.

I guess you are sick of him.

내가 어떻게 할 수 없어요.

I can't let it happen.

무릎 꿇어. Sit on your knees.

(= Fall on your knees. / Drop on your knees.)

똑바로 앉아.

Sit up straight.

그대로 앉아 있어.

Keep your seat.

나는 네가 도장에서 남들에 대하여 항상 앞서려고 노력하고 있다는 것을 잘 알고 있다.

I know you always strive to be ahead of others in dojang.

다시는 이런 일이 발생하지 않도록 해라.

You must never do it again.

이러한 것들에 너의 전념하는 집중을 요구하고 싶다(특히 주의해 주기 바란다).

I want to call your undivided attention / to this fact.

call: ~을 요구하다

undivided: (형용사) 한눈팔지 않는, 전념하는

너는 그것에 우리의 주의를 쏠리게 했다.

You called our attention to it.

call: 남의 주의를 끌다

앞으로 좀 더 주의할 수 있지?

Will you be more careful?

앞으로는 좀 더 신중하게 행동해라.

You must be more prudent in the future.

나는 이번에는 용서해 줄 것이다.

I will forgive you this time.

(10) **산만하게 떠들 때 지도 영어** Coaching when the student making a noise

정신집중, 다른 것을 보지 마라.

Pay attention, don't look at the other things.

너무 심하게 장난치지 마라, 여기는 놀이터가 아니다.

Don't too much play around, here is not playground.

이곳은 노는 곳이 아니다. 태권도장에 오면 진지해져야 한다.

This place is not a play ground. So, when you come to the Taekwondo school, you have to be serious(= sincere).

그것은 어리석기 짝이 없는 짓이다. 어리석게 행동하지 마라.

It is the hight of the folly. Don't act foolishly.

그것을 만지지 마라.

Don't touch it.

똑바로 앉아라. Sit up straight.

(= Sit straight(= upright). / Stand upright.)

제발 나를 내버려 두세요.

Please leave me alone.

(11) **승급심사준비 영어** Ready for promotion test

너희는 내일 승급심사가 있다.

You will take belt promotion testing tomorrow.

새로운 띠를 따기 위하여 열심히 하자.

Let's work hard to get a new belt.

정신 차리고 집중하자.

Wake up and you need concentration.

내일 심사시간 잊지 마라. 내일 보자.

Don't forget tomorrow testing time. See you tomorrow.

너는 품띠 승급심사를 위하여 다음 주에 국기원에 갈 것이다.

You will go to Kukkiwon for your black belt testing next week.

품(검정)띠를 따기 위하여 열심히 하자.

Let's work hard to get poom(black) belt.

(12) **지각했을 때** When the student comes late

신발을 벗어라.

Take your shoes off.

너의 양말을 벗어라.

Take your socks off.

너의 목걸이를 벗어라.

Take your necklaces off.

신발을 신어라.

Put your shoes on.

너의 옷을 입어라.

Put your clothes on.

너의 양말을 입어라.

Put your socks on.

너는 왜 수련시간에 항상 늦니?

Why are you always late for the class?

너는 집에 몇 시에 도착하니?

What time do you get home?

너는 몇 시에 버스를 타니?

What time do you get on the bus?

너는 몇 시에 버스에서 내리니?

What time do you get off the bus?

수업은 몇 시에 시작하니?

What time does your class start?

수업은 몇 시에 끝나니?

What time does your class finish?

너는 항상 정시에 와야 한다.

You always should be on time.

여기는 너희의 놀이터가 아니다.

Here is not play ground.

20분 이상 수업에 늦으면 벌점을 받는다.

If you are late more than 20 minutes for class receive a black mark.

수업에 늦으면 사범님이 너를 승인할 때까지 기다려야 한다.

When you are late for class, you must wait until the instructor admit(= acknowledge) you.

지각생은 단수 또는 급수에 상관없이 도장 후미에 정렬해야 한다.

A latecomer must line up at the back of the class regardless of your rank.

수업 시작 전 5분 또는 10분 전에 도착하기 위해서(도착하려고) 노력하라. 여러분의 도장은 특별한 장소이다. 여러분은 그것이 여러분이 태권도를 수련하는 장소이기 때문에 그것에 대하여 제2의 집으로서 생각해야 한다. 여러분은 항상 경외심으로 그것을 대해야 한다.

Try to arrive five minute or ten minutes before class starts. Your dojang is special place. You have to think of it as a second home since it is the place where you practice Taekwondo. You must always treat it with great respect.

(13) 결석했을 때 When the student is absent

너는 어제 왜 결석했니?

Why are you absent yesterday?

※ 이 질문에는 수련생이 두통, 치통, 감기, 부상, 외식, 수면, 학원, 친척집 방문, 여행 등의 결석 이유를 다음과 제시할수 있다.
I was absent because of headache(toothache, bad cold, injury, going out, sleeping, institute, visiting relative, traveling.)

어제 무슨 일 있었니?

What did you do yesterday?

나는 아팠다.

I was sick.

나는 독감에 걸렸다.

I had a bad cold. (= I catch the flu.)

나는 머리가 아팠다.

I had a headache.

나는 이가 아팠다.

I had a toothache.

나는 부상을 당했다.

I had a injury.

나는 가족과 함께 외식하러 갔다.

I went eating out with my family.

나는 친척집을 방문했다.

I visited relative's home.

나는 나의 가족과 함께 여행을 갔다.

I went travel(= trip) with my family.

내가 보기엔 아무렇지도 않은 것 같다.

I think no problem.

너 피곤해 보이는 것 같다.

You look feel tired.

너 아파 보이는 것 같다.

You look tired.

괜찮니?

Are you OK?

(14) 품새, 발차기, 겨루기 지도 전과 후 Before and after doing poomsae, kicking and sparring

앞으로 나와라.
Come to the front.

이번에는 실망하지 마라. 나는 네가 내일은 조금 더 나아질 것이라고 믿는다.
Don't upset this time. I trust you can make better tomorrow.

네 자리로 돌아가라.
Go back to your seat.

네 자리에 앉아라.
Take your seat.

(15) 수업 마칠 때의 지도 Coaching of after class

오늘 수업은 여기까지이다.
That is all for today's lesson.

대단히 수고했다. Thanks for your effort.
(= Thanks for your participation.)

우리는 1시간 동안 태권도의 기본기술을 배웠다.
We learned basic skill of the Taekwondo for an hours.

너의 머릿속에 과거부터 지금까지 배운 방법을 잘 조직화해라.
Organize methode that you have learned in your head.

수업은 어떠했니?
How was your class?

배우기가 어려웠니?
Was it difficult to learn?

너는 그것을 즐겼니?

Did you enjoy it?

자신감 있게 태권도를 즐겨라.

Enjoy Taekwondo with confidence.

여러분이 이해하는 것이 어려웠을지라도 나는 우리가 재미있는 시간을 가졌다고 생각한다.

It will be difficult to understand but I think that we had a good time.

다음 시간에는 우리는 연간 계획에 따라 호신술을 배울 것이다.

We will learn self defense technique according to syllabus.

모두 수고했어. 좋은 시간을 가졌는가?

Everyone did good job. Did you have a good time?

모두 최선을 다했나?

Everyone do your best?

정말이야? 확실하나?

Are you really? Are you sure?

잠시 주의 말씀을 전달합니다.

Let me give you a word of caution.

주의를 기울여라.

Pay attention.

나는 나쁜 친구들에 대해서 너에게 경고하고 싶다.

I really hope to warn you / against bad companions.

길을 건널 때 차 주의해라.

When you cross a street, look out for cars.

(16) 피드백 Feedback-동작 교정 Motion correction

자세가 좋다.

Your posture is very good. (= Correct posture.)

동작이 매우 훌륭합니다.

Your motion is wonderful. (= Excellent. Very nice.)

동작을 반복해라.

Repeat your motion.

10번 반복해라.

Repeat ten times.

좌우로 10회 실시한다.

Ten times from side to side.

자세가 부정확하다.

Your posture is very wrong. (= Incorrect posture.)

동작이 잘못되었다.

Your motion is wrong.

시선을 반대쪽으로 돌려라.

Turn your eyes to the other side.

머리를 무릎 쪽으로 돌려라.

Turn your head toward your knees.

목을 편안하게 세워라.

Set up your neck comfortably.

너의 목을 일직선으로 유지해라.

Keep your neck in a straight line.

충분히 반대 방향으로 뻗어 줘라.

Fully stretch in the opposite direction.

손바닥을 바닥에 붙여라.

Put your palms on the floor.

두 손을 편안하게 무릎 위에 놓아라.

Put your hands comfortably on your knees.

오른쪽 옆구리를 펴라.

Stretch your right side.

배 부분을 편안하게 해라.

Relax your abdominal region.

다리를 몸 앞으로 뻗어라.

Stretch your legs out in front of you.

동작을 멈춰라.

Stop your motion(= action).

모두 동작을 멈춰라.

Everybody stop your motion(= action).

상대방의 동작의 잘못을 지적해라.

Point out your partner's motion.

잘못을 지적하시오.

Point out mistakes.

너의 오른발 뒤꿈치는 3시 방향을 가리키고 있다.

Your right heel points to three direction.

> **Tip. point to: ~을 가리키다**
>
> 시계바늘은 5시를 가리키고 있다. The hand of clock points to five.
> 그 집은 북쪽을 가리키고 있다. The house pointed to the north.

너의 오른손은 12시 방향을 가리키고 있다.

Your right hand points to twelve direction.

상대방 동작의 단점을 지적하시오.

Point out a weak point(= strength) of your partner's motion.

상대방 동작의 장점을 지적하시오.

Point out a strong point(= weakness) of your partner's motion.

계속해서 반복해서 연습하도록 해라.

Keep practicing repeatedly.

너는 올바른 방향으로 가고 있다.

You go in the right direction.

너는 잘못된 방향으로 가고 있다.

You go in the wrong direction.

너는 올바른 방법으로 하고 있다.

You do in the proper way.

너는 잘못된 방법으로 하고 있다.

You do in the wrong way.

너는 올바르게 행동하고 있다.

You behave properly(= correctly).

(17) 칭찬 동기부여 방법 Method of praise and motivation

너는 최고다.

You're the best.

너의 기술은 평균 이상이다.

Your skill is above the average.

너의 동작은 매우 빠르다.

Your motion is very quick.

너의 동작은 매우 민첩하다.

Your motion is very agile.

너는 할 수 있다.

You can do it.

나는 너를 믿는다.

I trust you.

나를 믿어라.

Trust me.

나는 네가 해낼 줄 알았다.

I knew that you could do it.

나는 네가 무척 자랑스럽다.

I am proud of you.

너는 머리가 잘 돌아간다(두뇌 회전이 빠르다).

You are quick-witted.

(18) 태권도 정신 Taekwondo spirit

'지기, 극기, 수기, 성기'를 영어로 어떻게 말하지?
How do you say '지기, 극기, 수기, 성기' in English?

'지철심경'을 영어로 어떻게 말하지?
How do you say '지철심경' in English?

'하복부'를 한국어로 어떻게 설명하지?
How do you say 'abdomen' in korean?

답을 아는 사람 손들어라.
If you know the answer, raise(= put up) your hand.

손 내려. Lower your hand. (= Get your hand down.)

나에게 답을 말해라.
Can you tell me the answer.

스펠링은 무엇이지?
How do you spell it?

너의 답은 올바른 답이다.
Your answer is a correct answer.

너의 답은 틀린 답이다.
Your answer is a wrong answer.

너의 답은 틀린 생각이다.
Your answer is a wrong opinion.

Tip. 운동을 가르칠 때 자주 사용하는 8개 중요 동사 사용법(Usage)

1. Make

1) 모양 만들기 게임

일직선으로 만들어라. Make a straight line.
대칭 형태로 만들어라. Make a symmetrical shape(= figure).
원형으로 만들어라. Make a circle.
직각 삼각형으로 만들어라. Make a light triangle.
정사각형으로 만들어라. Make a square.
직사각형으로 만들어라. Make a rectangle.
오각형으로 만들어라. Make a pentagon.
육각형으로 만들어라. Make a hexagon.
칠각형을 만들어라. Make a heptagon.
팔각형으로 만들어라. Make an octagon.
'ㅗ' 형태로 만들어라. Make a 'ㅗ' shape.
'ㅜ' 형태로 만들어라. Make a 'ㅜ' shape.
11자 형태로 만들어라. Make a 11 shape.
직각으로 만들어라. Make a right angle.

2) 짝짓기 게임

2인 1조로 만들어라. Make a group of two.
3인 1조로 만들어라. Make a group of three.
5인 1조로 만들어라. Make a group of five.
7인 1조로 만들어라. Make a group of seven.
10인 1조로 만들어라. Make a group of ten.

3) 자세 만들기

첫발을 크게 딛어라.
Make a long step first step.
오른쪽 다리에 대하여 크게 내딛어라.
Make a long step with your right foot.

너의 자세를 낮게 만들어라.
Make your forms lower.
너의 무게 중심을 낮게 만들어라.
Make your center of gravity lower.
lower: (형용사) 낮은

넓은 공간을 만들어라. Make a wide space.
좁은 공간을 만들어라. Make a narrow space.
너의 다리에 힘을 빼라. Make your legs relaxed.
relaxed: (형용사) 힘을 뺀

[주어+동사(make)+목적어+목적격 보어(과거분사)]
너의 상체를 세우도록 해라. Make your upper body stand up.
너의 스탠스를 어깨너비만큼 만들어라.
Make your stance equal to the width of your shoulders.
equal: (형용사) 똑같은

[주어+동사(make)+목적어+목적격 보어(동사원형)]
너의 어깨가 수직이 되도록 만들어라.
Make your shoulders square.
너의 도복이 크게 소리 나도록 만들어라.
Make your uniform sound loudly.

4) 심리

의식적으로 노력하라.
Make a conscious effort.
의식적으로 노력하지 마라.
Don't make a conscious effort.
실수하지 마라. Don't make an error.

[주어+동사(make)+목적어+목적격 보어(형용사/과거분사)]
나쁜 뉴스는 내가 아프도록 만든다.
The bad news made me ill(형용사).
편안하게 만들어라.
Make yourself comfortable(형용사).
유용한 사람이 되어라.
Make yourself useful(형용사).
너는 너 자신이 존경받아야 한다.
You must make yourself respected(과거분사).
나는 영어로 나 자신을 이해시킬 수 없다(내 의사를 전달할 수 없다).
I couldn't make myself understood in English(과거분사).

2. Try

손목 부위의 공을 닿도록 노력하라.
Try to touch the ball with the part of your wrist.
볼을 쳐다보는 것을 시도하라.
Try to look at the ball.
너의 눈이 미트에 유지하는 것을 노력하라.
Try to keep your eyes on the mitt.
안정된 스탠스를 가지는 것을 노력하라.
Try to have stable stance.

너의 팔을 펼침으로써 / 지면에 대해서 / 평행하도록 해라.
Try to be parallel / with the floor / by spreading your arms.
오른쪽에서 왼쪽으로 너의 체중을 부드럽게 움직이는 것을 시도하라.
Try to move your weight / smoothly / from the right side to the left side.

서브해 보시오.
Try to serve.
공격위치를 잡도록 노력해라.
Try to get in an attacking position.

서브(공격) 순서를 결정하는 것을 시도하라.
Try to decide the order of serve and attack.
가능한 빨리 공격을 시도하라.
Try to attack / as soon as possible.
정확하게 미트 차는 것을 시도하라.
Try to kick the mitt / correctly.
반대방향으로 슛을 시도하라.
Try to shoot / in the opposite direction.
점프슛을 시도하라.
Try jump shot.
속임 동작을 사용함으로써 / 수비를 방해하는 것을 시도하라.
Try to disturb the defense / by using fake motion.

3. Practice

서로 마주 보면서 연습하라.
Let's practice facing each other.

반복해서 연습하라.
Practice repeatedly.

네가 열심히 연습하면 너의 공격 기술은 날카로워질 수 있다.
If you work hard, you will can sharpen your attacking skill.
회전축을 사용하는 것을 연습하라.
Practice using the axis of rotation.
발목(손목) 스냅을 사용하는 것을 연습하라.
Practice using the axis of ankle(= wrist).

네가 자꾸 연습한다면, 나는 네가 좋은 풋워크를 개발할 것이라고 확신한다.
If you practice hard, I am sure that you will develop good footwork.

패스하는 것과 잡는 것을 반복해서 연습해라.
Practice passing and catching / repeatedly.
계속 간격을 유지하고 그룹별로 연습하라.
Keep spacing and practice / as a group.

5분 동안 연습한 다음 그룹별로 미트를 찬다.
Practice for five minutes and then kick the mitt / as a group.
내가 볼을 잡자마자 / 다음 동작으로 / 이동하는 것을 연습해야 한다.
Practice shifting / into the next motion / as soon as I catch a ball.

2인 1조로 / 연습하라.
Practice / in a group a two.

3인 1조로 / 연습하라.
Practice / in a group a three(= in a trio).
(= Practice face to face / with a pair.)
교대로 / 연습하자.
Let's practice by taking turns.

구분 동작을 먼저 하고 연속 동작을 연습해라.
Practice the motion separately first and then do the whole motion.
5분 동안 연속 동작을 연습해라.
Let's practice the whole motion for 5 minute.
연습이 완벽을 만든다.
Practice make perfect.

4. Use

손목의 스냅을 사용하라.
Use the snap of your wrist.

5. Put

공을 바스켓(상자) 안으로 넣어라.
Put the ball into the basket(= box).

말보다는 행동으로 옮기시오.
Put your idea into action.
put into: ~으로 번역하다, ~으로 바꾸다

6. Keep

계속 유지해라 / 너의 눈을 / 전방으로
Keep your eyes / forward.
계속 유지해라 / 너의 눈을 / 타깃에 / 끝까지
Keep your eyes on the target / until the end.
계속 유지해라/ 너의 눈을 / 배꼽에 / 끝까지
Keep your eyes on the navel / until the end.

계속 유지해라 / 너의 신체를 / 똑바로
Keep your body straight.
유지해라 / 무게 중심을 / 낮게
Keep the center of your weight / lower.
계속 유지해라 / 너의 어깨를 / 똑바로
Keep your shoulders / straight.
계속 유지해라 / 너의 등을 / 똑바로
Keep your back / straight(= upright).
계속 유지해라 / 너의 등을 / 아래로
Keep your back / down.

유지해라 좋은 건강 상태를.
Keep yourself in good health.
창문을 계속 닫아 주세요.
Keep the window shut.
계속 불을 켜두어라.
Keep the light burning.
약속을 지켜라.
Keep a promise. (= Keep my word.)

그는 계속 잡지를 읽고 있는 중이다.
He kept reading the magazine.
그는 계속해서 태권도 훈련을 하고 있는 중이다.
He kept training Taekwondo.
일주일 동안 계속 비가 오고 있는 중이다.
It kept raining for a week.

그는 여태껏 잡지를 읽고 있는 중이다.
He kept on reading the magazine.
그는 여태껏 태권도 훈련을 하고 있는 중이다.
He kept on practicing the Taekwondo.
그는 여태껏 친구들과 함께 놀고 있는 중이다.
He kept on playing with his friend.
keep on~ing: 여태껏 ~하고 있다

옆 사람과 박자를 맞춰라.
Keep time with the person beside you.
음악에 박자를 맞춰라.
Keep time to the music.
그대로 앉아 계세요.
Keep your seat.

7. Lean

벽에 기대지 마라.
Don't lean against a wall.
벽에 떨어져서 기울여라.
Lean off the wall.
거울에서 떨어져서 기울여라.
Lean off the mirror.

8. Take

그를 사무실로 데려가라.
Take him / to the office.

앞쪽으로 앉아라.
Take your seat / in front.

네가 넓은 스탠스를 취하면 스윙하는 것은 어려울 것이다.
If you take a wide stance, it will be difficult to swing.

네가 좁은 스탠스를 취하면 균형 잡는 것은 어려울 것이다.
If you take a narrow stance, it will be difficult to balance.
(= If you take a narrow stance, it becomes difficult to balance.)

편안한 자세를 취하라.
Take a natural(= comfortable) position.
숨을 쉬어라.
Take a breather.

샤워해라.
Take a shower.
2분간 휴식해라.
Take two minute a rest.

※ 격언
바람이 부는 방향을 보고 서 있으면 역풍이지만, 바람을 등지고 서 있으면 순풍이 된다.
If you stand to the direction blows the wind is an adverse(= a contrary) wind, If you stand to the opposite direction blows the wind become a fair wind.

Tip. 2형식과 3형식 구문의 용법

태권도 동작 교정 시에는 주어+동사+보어(형용사) 형태의 2형식과 주어+동사+목적어 형태의 3형식 구분을 주로 쓴다. 그리고 동작 교정 시에 필수적인 동사들의 용법도 알 아야 한다.

너의 동작은 흐트러지지 말아야 한다.
Your motion should be unbroken.
unbroken: (형용사) 깨지지 않는

너의 신체는 힘을 빼야 한다.
Your body should be relaxed.
relaxed: (형용사) 편안한

엉덩이는 볼에 평행해야 한다.
The hips and shoulders should be parallel to the ball.
parallel: (형용사) 평행한

너의 왼쪽 어깨는 오른쪽 어깨보다 더 높아야 한다.
Your left shoulder should be higher than the right shoulder.
higher: (형용사) 더 높게

너의 상체는 양간 앞으로 구부려져야 한다.
The upper torso should be bent forward slightly.
bent: (형용사) 뒤틀린

무단결석은 하지 않도록 해라.
You should never be absent without notice.
(= Don't be absent without leave.)
absent: (형용사) 결석한

cf. ~하지 마라
스타트 포지션부터 피니시까지 / 움직이지 마라.
Don't move / from the start position to the finish.

임팩트 후에 미트(볼)로부터 / 너의 눈을 움직이지 마라.
Don't move your eyes / from the mitt(ball) after impact.

스타트 포지션부터 피니시까지 / 움직이지 마라.
Don't move / from the start position to the finish.

임팩트 후에 미트(볼)로부터 / 너의 눈을 움직이지 마라.
Don't move your eyes / from the mitt(ball) after impact.

필요 이상으로 / 너의 무릎을 움직이지 마라.
Don't move your knee / more than necessary.

무릎을 회전하기 위해 / 의식적인 노력을 하지 마라.
Don't make conscious efforts / to turn the knees.

피니시 동작 동안에 / 너의 균형을 깨트리지 마라.
Don't break your balance / during finishing motion.

볼을 친 후에 / 볼을 보려고 애쓰지 마라.
Don't try to look at the ball / after you've hit the ball.

내 신호가 있을 때까지 / 어떤 볼도 줍지 마라.
Don't pick up the ball / until my signal.

긴장하지 마라. Don't be tense.
어금니를 깨물지 마라. Don't bite.
장난하지 마라. Don't play around.

1. 이동 Shife

너의 체중을 왼발 위에 옮겨라.
Shift your weight onto the left leg.

너의 체중을 오른쪽에서 왼쪽으로 옮겨라.
Shift your weight from right to left.

2. 조준 Aim

타깃을 향해서 똑바로 조준해라.
Aim at a target straight.

3. 정리 Arrangement

지난 시간에 우리는 1/4 스윙을 배웠다.
During the last lesson, we learned about a quarter swing.

오늘은 우리는 골프에서 코킹 동작을 배울 것이다.
We will learn about a cocking movement in golf.

이제부터는 우리는 코킹 동작을 사용함으로써 2/4 스윙을 연습할 것이다.
From now on, we will practice two quarter swing by using a cocking movement.

다음 시간에는 우리는 기본기술을 배우는 것을 시작할 것이다.
In the next class, we will begin learning basic skill.

다음 시간에는 2/4 스윙을 배울 것이다.
In the next class, we will learn how to half swing.

4. 기본 스윙 Basic swing

기본 스윙은 손이 아닌 회전으로 시작한다.
The basic swing starts with rotation, not hands.

5. 임팩트 Impact

임팩트 시에 너는 너의 타깃을 똑바로 보아야 한다.
When you reach impact, you have to face your target.

임팩트는 어드레스를 재현하는 것이다.
The impact is to redo the address position.

네가 너의 왼쪽 무릎을 펴면 너는 실수할지도 모른다.
If you spread your left knee, you make an error.

6. 스윙 Swing

네가 스윙할 때 엉덩이와 어깨는 타깃에 평행해야 한다.
When you swing, the hips and shoulders should be parallel to the target.
(= When you are swinging, the hips and shoulders should be parallel to the ball.)

너의 무게중심을 오른쪽에서 왼쪽으로 이동해라.
Shift your center of gravity(= weight) from right to left.

7. 피니시 Finish

피니시 할 때 너의 균형을 깨지 마라.
Don't break your balance / during the finishing motion.

너의 동작은 흐트러지지 말아야 한다.
Your motion should be unbroken.
unbroken: (형용사) 깨어지지 않는

너의 신체는 이완되어야 한다.
Your body should be relaxed.
relaxed: (형용사) 힘을 뺀

너의 전신은 타깃 쪽을 향해야 한다.
Your whole body should face the target.
face: (타동사) ~의 쪽을 향하다

8. 호흡 Breathing

들이마시다 Breath in
내쉬다 Breath out

9. 시작 / 유지 / 종료 Begin / Keep / Stop

연습하는 것을 시작해라. Begin(= Start) practicing.
(= Begin(= Start) to practice.)
연습하는 것을 계속해라. Keep(= Continue) practicing.
(= Continue to practice.)
연습하는 것을 멈춰라. Stop(= finish) practicing.

차는 것을 시작해라. Begin kicking.
(= Begin(= Start) to kick.)
차는 것을 계속해라. Keep(= Continue) kicking.
(= Continue to kick.)
차는 것을 멈춰라. Stop(= Finish) kicking.

놀이하는 것을 시작해라. Begin(= Start) playing.
(= Begin(= Start) to play.)
놀이하는 것을 멈춰라. Keep(= Continue) playing.
(= Continue to play.)
놀이하는 것을 끝내라. Stop(= Finish) playing.

옆 사람과 이야기하는 것을 멈춰라.
Stop talking with the person beside you.

부록

영어 발음에도
발음법칙과 원리가 있다

■ 부록_ 영어 발음에도 발음법칙과 원리가 있다

발음 공부는 원어민에게 배우지 마라.
모든 답은 사전 발음 기호 속에 숨겨져 있다.

1) 한국의 독특한 억양을 당당하게 표현해라

한국의 독특한 억양을 당당하게 표현해야 한다. 필리핀 억양, 싱가포르 억양, 인도네시아 억양, 독일식 억양이 존재하지만 그들은 원어민들과 대화를 자연스럽게 이끌어간다.

그 비밀은 억양이 아니다. 그들은 우리처럼 대강 의미만 해석하는 독해가 아니라 정확하게 동사의 원리를 알아야만 가능한 영어 작문을 통해 물어볼 수 있는 기술을 알고 있기 때문이다.

결국 외국인에게 되받아치는 의문문을 자신 있게 사용할 수 있으면 독특한 억양 때문에 대화를 할 수 없다는 식의 나약한 마음은 사라지기 때문이다.

가령 한국 사람들이 경상도나 전라도 사투리로 아무리 빠르게 말하더라도 우리는 절대 당황하지 않고 다시 이렇게 물어서 알아듣는다.

"다시 한 번 말씀해 주세요."
"무슨 뜻이지요?"

"천천히 좀 말해 주세요, 무슨 말인지 이해하지 못하겠어요."

그러면 상대방은 오히려 미안해서 이쪽의 요구대로 표준말을 쓰거나 속도를 조절해 주거나 해서 상대가 이해하도록 해준다. 바로 이것이다. 한국인들이 원어민과 대화 시 테이프에서 듣던 속도대로 무조건 빨리 말하려 하면 그들은 한국인들이 영어를 아주 빠른 스피드로 말할 수 있는 능력을 가지고 있는 것으로 판단해서 더 빠른 속도로 얘기하는 것이다.

외국인과 대화 시 반기문식 영어처럼 천천히 또박또박 말하면 외국인들도 말하는 상대방의 페이스에 맞춰 주어서 오히려 한국 사람들에게는 더 편안하게 리드할 수 있다는 사실을 몰랐던 것이다. '미녀들의 수다'에서 그녀들이 떠드는 한국말 톤과 억양은 전혀 한국과 맞지 않지만 우리가 이해하는 데는 전혀 문제가 없지 않은가?

외국 미녀들이 한국 억양까지 배우려면 30~40년 살아도 부족할 수가 있는 것이다. 경상도나 전라도 억양을 고치려고 해도 안 되는 사람들이 우리나라에도 얼마나 많은가?

미국인처럼 꼭 발음해야 하는 것이 아니라 영어 모음들을 멋대로 한국식으로 읽어 못 알아듣는 것이다. 질문하는 의문문을 구사할 줄 알면 자신감이 생기고 어색하더라도 큰 목소리로 질문할 수 있다. 그러면 자연적으로 해결될 수 있다는 진리를 모르기 때문이다.

2) 모음을 자기 멋대로 읽지 마라

외국인이 한국인의 발음을 못 알아듣는 가장 큰 이유 중의 하나는 영어 단어의 모음인 a, e, i, o, u를 엉뚱하게 발음하기 때문이다. 발음을 듣고 따라 할 때는 발음 중에서 '모음의 소리'와 '악센트의 위치'를 확인해야 한다.

아는 단어도 발음에 자신이 없으면 반드시 사전을 찾아보고 발음을 확인한 다음 소리 내어 읽어야 한다.

우리나라 사람들의 발음이 엉망인 이유는 영어 단어의 철자만 보고 대충 발음하는 습관 때문이다. 영어 모음은 철자와 발음 기호가 일치하지 않는 부분이 너무 많다.

영어의 a, e, i, o, u가 우리말의 ㅏ,ㅔ,ㅣ,ㅗ,ㅜ처럼 그렇게 간단하게 발음되지 않는다.

Father의 a는 '아'이지만, about의 a는 '어', can의 a는 '애', cane의 a는 '에이'이다. 즉 a라는 알파벳은 이처럼 아, 어, 애, 에이 등 여러 가지 소리로 발음되는 것이다. 아래의 단어들 또한 마찬가지다.

Could I interrupt(인트럽픗) for a while(second / minute).
navigation(내비게이션)
navigator(내비게이러)

그리고 u가 단모음일 때는 '으'로 발음되고 'u:'처럼 장모음일 때는 '우'로 발음된다. 또한 o는 '오'가 아니라 대부분 '오우', '어'로 발음된다.

3) 한국말과 영어의 근본적인 음절구조의 차이를 파악하라

외국인들이 한국인들의 발음을 못 알아듣는 이유는 우리말과 영어의 음절구조의 차이를 무시한 채 영어 단어를 우리말식으로 자꾸 늘여서 발음하기 때문이다.

우리말 조합은 자음+모음+자음 순으로 되어 있어 모음이 두 개가 연속 나오거나 연속 3개가 나오는 경우가 없다. 그러나 영어는 자음+자음+자음+모음+자음+자음+자음+자음 순으로 되어 있다. 그래서 한국 사람들은 영어를 1음절로 발음해야 하는 것을 2음절, 음절로 늘려서 발음하려고 한다.

그러나 영어는 이중모음이나 삼중 모음을 발음할 때도 1음절로 발음해야 한다. 그래서 원어민들이 아래의 단어들을 발음하면 book이나 strike, glimpsed를 똑같이 1음절로 발음하는 것이다. 그러나 한국인들에게는 익숙하지 않아 glimpse가 가장 길게 말해야 하는 것처럼 보인다.

박자를 맞추기 위한 연음법칙과 축약 실례를 들어 보자.

'불굴의, 무패의, 무적의'라는 의미의 형용사인 Invincible(인빈스블)과 indomitable[인도므드(르)블]은 영어가 강세 언어란 점을 깨닫지 못하면 발음을 정확하게 배우지 못한다.

영어는 우리말과 달리 강세를 중시하는 강세 언어이다. 이러한 영어의 특성 때문에 영어는 강세가 없는 모음은 애매한 발음인 '어'나 '으'로 발음되고 강세가 없는 '어'는 '으'

로 발음된다는 기본 원칙을 모르면 위의 단어들을 '인빈서블'과 '인도머터벌'로 발음하게 되는 것이다.

※ sports(스뽀츠), spy(스빠이), sky(스까이), spagetty(스빠게리): 경음화 현상

영어의 한 음절 구조는 '자음-자음-자음-모음-자음-자음-자음' 순이다. 반면에 우리말의 한 음절 구조는 '자음-모음-자음' 순이다. 이것이 우리에게 영어 단어가 길게 느껴지는 이유이기도 하고, 미국 사람들의 말이 빠르게 들리는 이유이기도 하다.

'strike'라는 발음을 한국인들은 '스트라이크'로 늘려서 발음한다. 우리말은 모음 앞에 자음이 하나밖에 올 수 없으므로 '스, 트, 르'의 세 개의 자음을 한꺼번에 발음할 수 없다. 반면에 미국인은 '스뜨라잌'이라는 1음절 길이로 발음한다. 이것이 미국인들의 발음이 빠르게 들리는 이유이다.

그러므로 영어를 발음할 때는 의식적으로 자음들을 빨리 연결해서 1음절로 발음하는 연습을 해야 한다.

영어의 이중모음을 발음할 때도 첫 모음은 크게 발음하고 뒤따르는 모음은 작고 빠르게 붙여서 1음절의 길이에 모든 소리를 실어야 한다.

예를 들어 say, day, go 등의 발음은 이중 모음이 들어 있으므로 '세이, 데이, 고우'처럼 발음한다. 삼중 모음을 발음할 때도 마찬가지다. fire, tire, our, sour 등은 '파이어, 타이어, 아우어, 사우어' 등으로 강세 없이 발음하면 3음절 발음이 된다.

'파이어, 타이어, 아우어, 사우어'처럼 강세를 넣어서 발음하면 1음절 발음이 되는 것이다.

(1) 모음이 한 개 있는 1음절 단어

book(b+u+k): 북

strike(str+i+k): 스뜨라잌

glimpsed(gl+i+mpst): 글림프스트

그래서 원어민들이 아래의 이중모음을 발음하면 '세, 데, 보, 토, 고'만 말하는 것처럼 들리고 삼중모음을 발음하면 '파, 타, 아, 사'만 말하는 것처럼 들리는 것이다.

(2) 이중모음

    say: 세이

    day: 데이

    date: 데이트

    boy: 보이

    toy: 토이

    go: 고우

(3) 삼중모음

    fire: 파이어

    tire: 타이어

    our: 아우어

    sour: 사우어

4) 20여 개 정도의 '연음과 축약'이라는 발음법칙과 원리를 익혀서 사전의 발음기호를 읽는 능력을 키워라

(1) 모음 사이에 오는 강세가 없는 t와 d는 'ㄹ'로 발음한다.

    writer: 롸이럴(r)

    rider: 롸이럴(r)

    meeting: 미링

    waiting: 웨이링

    cheating: 취링

    heating: 히링

    computer: 컴퓨러

heater: 히러

waiter: 웨이러

water: 워러

letter: 레러

later: 레이러

better: 베러리

united: 유나이릿

battery: 배러리

tidy(taidi): 타이리

wedding: 웨링

What do you do?: 와르 유 두

What are you going?: 와르 유 고잉

I don't know.: 아른 노

You didn't know?: 유린 노

He doesn't know?: 히러즌 노

not at all: 나래럴

a lot of money: 얼라러 머니

I got to(= gotta) go: 아이 가라 고

bread and butter: 브레른 버러

I should have gone.: 아 슈르 간

I would have gone.: 아 워르간

I could have gone.: 아 크루간

I might have gone.: 아 마이르 간

I should have done it.: 아 슈르 더닛

I would have done it.: 아 워르 더닛

I could have done it.: 아 크루 더닛

I might have done it.: 아 마이르 더닛

(2) /ed/는 무성음 뒤에서는 't'로, 유성음 뒤에서는 'd'로 /d, t/ 소리 뒤에서는 'id'로 발음한다.

① 't'

hoped

stopped

jumped

dropped

walked

picked

looked

② 'd'

climbed

described

grabbed

begged

rubbed

③ 'id'

d나 t를 두 번 발음할 수 없으므로 e를 발음하여 id로 발음한다.

"I visited(비지릿) New York."

visited: 비지릿

admitted

separated

limited

voted

invited

treated: 츄리릿

united

committed

insisted: 인씨스핏

competed: 컴피릿

added: 애릿

needed: 니릿

decided: 디싸이릿

attended: 어텐딧

affected: 어펙띳

invented: 인베닛

painted: 페이닛

(3) nt는 t가 사라지고 n으로 발음한다. rt는 t가 사라지고 r로 발음한다.

center: 세너

winter: 위너

enter: 에너

counter: 카우너

printer: 프리너

plenty: 플래니

counting: 카우닝

twenty: 드웨니

international: 이너내셔널

painting: 페이닝

accounting: 어카우닝

disappointing: 디써 포이닝

wanted: **워닛**

pointed: 포이닛

presented: 프뤼제닛

represented: 뤠쁘뤼제닛

counted: 카우닛

planted: 플래닛

disappointed: 디써포이닛

(4) 알파벳 g와 h는 '쥐'와 '에이취'로 발음한다. 그러므로 g와 h는 입을 오므려 쥐어짜 듯이 발음해야 한다.

message: 메세쥐

energy: 에널(r)쥐

(5) 역할어 처음에 오는 h는 발음하지 않는다.

I(역할어) hate(의미어) him(역할어).: 아 헤럼

I caught him.: 아 카럼

I asked him.: 아 에스떰

I followed him.: 아 **팔**로우 럼

I convinced him.: 아 큰 **빈**스럼

I pushed him.: 아 프**쉬**떰

I hit him.: 아히럼

I didn't invite her.: 아린인 바이럴(r)

(6) 자음이 2개가 나란히 오면 앞의 자음을 발음하지 않는다.

summer(서머): 썸머가 아니고 '써머'로 발음한다.

grammar(그래머): 그램머가 아니고 '그래머'로 발음한다.

(7) 자음이 3개가 나란히 오면 가운데 소리를 발음하지 않는다.

asked(애스트): 'askt'로 발음되기 때문에 skt에서 가운데 자음 's'를 발음하지 않는다.

postpone: 포스포운

I asked him.: 아 에스떰

exactly: 익잭끌리

correctly: 커랙끌리

directly: 더뤽끌리

perfectly: 퍼패끌리

strictly: 스쮜뤽끌리

(8) 전치사 of는 역할어이므로 받침소리인 v는 자음 앞에서 발음하지 않는다.

I'm kind of tired.: 암카너 타이열드

a peace of cake.: 어 피써 케잌

peace of mind.: 피써 마인드

a lot of time.: 얼라러 타임

The boys might have been(마이르빈) playing the games.

(9) 역할어 처음에 오는 h는 발음하지 않고 역할어 끝에 오는 v 소리를 자음 앞에서는 발음하지 않는다. 그러므로 have는 '으' 발음만 나게 된다.

(10) 단모음 'u'는 '으'로 발음한다.

book: 븍

look: 륵

cook: 큭

good: 귿

(11) 'u:'는 '우'로 발음한다.

moon: 문

(12) æ는 우리말 '에'보다 입을 크게 벌려 턱을 내려오게 발음한다.

(13) dr과 tr은 '주'와 '츄'로 시작한다.

dress

dream

drink

drug

drag

drift

tree

truck

try

trust

trouble

track

trick

travel

S가 p,t,k와 결합하면 다음과 같이 경음화 현상이 일어난다.

※ sports(스뽀츠), spy(스빠이), sky(스까이), spagetty(스빠게리), speak(스삑), steak(스떼익).

(14) S+p/t/k = 쁘/뜨/끄로 발음한다.

speak(스삑)

steak: 스떼익

speak: 스삑

(15) f와 v는 아래 입술에 살짝 대고 발음한다.

(16) r과 l은 혓바닥이 입술 천장에 붙느냐 떨어지느냐가 판가름한다. r은 천장에서 떨어
    져 있고 l은 입천장에 붙는다.

(17) θ는 '쓰'도 '트'도 아니고 우리말 '뜨'에 가장 가깝다. 우리나라 사람들은 대부분
    θ 를 '쓰'로 발음한다. 문제는 "쓰"는 s의 발음과 너무 흡사하다는 것이다. Thing을
    "씽"으로 발음하면 모두 sing으로 알아듣기 때문이다.

    thank you: 땡뀨
    think: 띵끄
    thank: 땡끄
    thumb: 떰브
    thought: 또트
    theme: 띰

(18) l, n, d, t, s, z는 입천장에 붙었다 떨어지는 자음들이다.

    loudly

    night

    dirty

    tired

    sport

(19) m, n, ing는 콧소리[비음(鼻音)]로서 여자들이 애교떨 때 내는 소리처럼 코가 울리
    는 코맹맹이 소리를 내야 한다.

    mike

    night

    speaking

(20) b, p는 파열음이다. 그래서 윗입술과 아랫입술을 오므려서 공기를 모았다가 한꺼번에 터뜨리는 형태의 음성으로 팍팍 터지는 듯한 소리가 나야 한다.

break

bus

park

petter

(21) i+l, p+l, b+l, r+ l은 사이에 '어'가 들어가는 느낌으로 말해야 한다. 'l'이 입천장에 닿기 때문이다.

ill(이얼)

bill(비얼)

milk(미얼크)

table(테이벌)

bible(바이벌)

able(에이벌)

girl(거얼)

world(워얼드)

5) 악센트를 반드시 사전에서 살펴보고 입으로 내뱉는 훈련을 해라

악센트를 반드시 사전에서 살펴보고 입으로 내뱉는 훈련을 해야 한다. 영어는 강세(stress) 언어이다. 그러므로 악센트를 반드시 사전에서 살펴보고 입으로 내뱉는 훈련을 해야 한다. 잘 모르면 미국인도 사전을 뒤적이며 공부하는 악센트를 한국인은 무시한다. 악센트를 무시하면 원어민이 못 알아듣는다.

우리나라 사람들의 발음이 엉망인 이유는 우리말에 없는 영어 강세의 중요성을 충분히 이해하지 못하고 발음을 하기 때문이다. 영어 강세는 소리의 크기만을 크게 하는 것이 아니라, 단어를 발음하는 속도와 길이, 그리고 모음과 자음의 소리 자체를 변화시키는 중요한 변수가 된다.

famous: 페이머스
infamous: 인퍼머스
navigation: 내비게이션
navigator: 내비게이러

6) 영어는 단어와 문장에도 강하게 발음하고 약하게 발음하는 부분이 따로 존재하는 박자언어라는 것을 기억해라

영어문장은 리듬과 박자의 언어이다. 영어는 단어 외에도 문장에도 악센트가 있다. 강하게 발음할 단어와 약하게 발음할 단어가 따로 존재해서 강약을 조절에서 말하는 리듬과 박자의 언어이다.

영어는 단어 외에도 문장에도 악센트가 있다. 기본적인 강세 배당은 다음과 같다.
첫째, 주강세는 명사, 동사, 의문사, 형용사, 부사 등이 받는다.
둘째, 문장에서 형용사, 부사 등이 수식어로 쓰일 때는 주강세를 받지 않는다.
셋째, 대명사, 관사, 전치사, 접속사들은 강세를 받지 않는다.
넷째, 조동사는 강세를 받지 않는다.
이것을 좀 더 쉽게 요약하면
첫째, 제1강세는 그 문장에서 가장 중요한 정보, 다시 말하면 가장 새로운 정보를 주는 단어에 놓인다.
"Who are you?"에서 가장 중요한 정보는 Who(의문사)이고, "I'm Tom."에서 가장 중요한 정보는 'Tom(명사)'이다.
"I like to see you tomorrow."에서 가장 중요한 정보는 like(동사), see(동사), tomorrow(부사)이다. 그래서 이들을 크게 읽고 나머지는 약하게 읽는다.
"This is not bag I asked you to bring."에서 가장 중요한 정보는 not(부정어), asked

(동사), bring(동사)이다. 그래서 이들을 크게 읽고 나머지는 약하게 읽는다.

둘째, 영어 문장은 다음과 같이 일반적으로 문장 뒤쪽에 강세가 간다. 왜냐하면 영어에서 부사는 대부분 문장 뒤쪽에 위치하기 때문이다.

I go to school.: 아 고러 스꿀
Sit down.
come here.

문장에서도 강세를 받지 않는다는 것은 소리는 작게 한다는 것만을 의미하지 않는 것이 아니라, 발음시간도 짧아지고, 모음도 약화되어 '어'나 '으'로 발음되는 것을 의미한다. 실제로 미국인들이 말할 때 관사나 조동사나 전치사들은 아주 빨리 약모음으로 발음하여 잘 들리지 않는다. 미국인들의 말이 빠르게 느껴지는 비밀이 여기에 숨겨져 있다. 예를 들어 다음 문장들을 한국인과 미국인에게 말해보라고 한다면 각각의 문장을 말하는 데 걸린 시간이 어떻게 될까?

① We bought a book.
② We have bought you another book.
③ We could have bought you another book.
④ We ought to have bought you another book.

위의 문장에서 we, bough, book의 공통점은 문장의 의미를 전해 준다는 것이고, 그 외의 단어들은 단지 문장을 문법에 맞게 만들어 주는 '역할'을 한다는 것이다. 영어 특유의 리듬과 박자는 바로 이들 의미어에 강세를 줌으로써 생기는 것이다. 이 리듬을 잘 타려면 '의미어'는 박자에 맞춰 발음하고, 의미어 사이에 오는 '역할어'는 꾸밈음같이 빠른 속도로 말해야 한다.

① The boys play games.
② The boys have played games.

③ The boys have played the games.

④ The boys might have(마이르) played games.

⑤ The boys might have been(마이르빈) playing the games.

위의 문장에서 boys, play, games의 공통점은 문장의 의미를 전해 준다는 것이고, 그 외의의 단어들은 단지 문장을 문법에 맞게 만들어 주는 '역할'을 한다는 것이다. 영어 특유의 리듬과 박자는 바로 이들 의미어에 강세를 줌으로써 생기는 것이다.

이 리듬을 잘 타려면 '의미어'는 박자에 맞춰 발음하고, 의미어 사이에 오는 '역할어'는 꾸밈음같이 빠른 속도로 말해야 한다.

① He should have done(슈르던) it.

② He could have done(크르던) it.

③ He might have done(마이르던) it.

④ He would have done(워르던) it.

위의 문장에서 He, it의 공통점은 문장의 의미를 전해 준다는 것이고, 그 외의의 단어들은 단지 문장을 문법에 맞게 만들어 주는 '역할'을 한다는 것이다. 영어 특유의 리듬과 박자는 바로 이들 의미어에 강세를 줌으로써 생기는 것이다.

이 리듬을 잘 타려면 '의미어'는 박자에 맞춰 발음하고, 의미어 사이에 오는 '역할어'는 꾸밈음같이 빠른 속도로 말해야 한다.

그러므로 영어를 유창하기 위해서는 의미어와 역할어를 정확히 구별할 수 있어야 한다.

- 의미어(문장의 의미를 전해 주는 역할) = 명사, 본동사(be 동사 제외), 형용사, 부사, 의문사, 부정어
- 역할어(문장을 문법에 맞게 만들어 주는 역할) = 관사, 대명사, 전치사, 접속사, 조동사

I can do it.

→의미어는 do이고 can은 조동사이고 역할어이다. 그래서 '큰'으로 발음한다.

I can't do it.

→부정어는 의미어이다.

Can you do it.

→can이 의문문에 쓰였다.

Yes, I can.

→조동사이지만 강세가 can에 있다.

No, I didn't. (노우 아이 딛은)

Ken didn't do it. (켄 딘 두잍): 주어가 자음으로 끝날 때는 "딘"으로 발음

He didn't do it. (히 린 두잍): 주어가 모음으로 끝날 때는 "린"으로 발음

음절 위주의 언어인 한국어, 프랑스어, 스페인어, 이탈리아어 등은 음절위주 언어이기 때문에 축약되는 음절이 없다. 그러나 강세 위주 언어인 영어는 음절수와는 관계없이 강세의 숫자에 따라 문장을 읽는 데 소요되는 시간이 결정된다. 강세 위주 언어인 영어는 박자를 중요시하기 때문에 문장에서 강세를 받지 않는 단어는 연음과 축약되어 발음이 된다.

한국인들은 당연히 걸리는 시간이 문장이 길어질수록 시간이 오래 걸린다고 생각한다. 그러나 미국인들은 네 문장을 똑같은 시간에 발음한다. 놀랍지 않은가?

그 이유는 무엇인가? 우리말은 음절박자 언어이고, 영어는 강세박자 언어라는 점이다. 그래서 영어와 같은 강세박자 언어는 문장 내에 있는 주강세의 수에 비례한다. 위의 네 문장에서 주강세는 bought와 book에 똑같이 들어 있다. 따라서 미국인들이 이 네 문장을 발음하는 시간의 길이는 똑같은 것이다.

결국 미국인들의 영어발음이 빨리 느껴지고 알아듣기 어려운 것은 그들이 한국말처럼 음절의 숫자를 기준으로 하지 않고, 강세의 숫자를 기준으로 말의 스피드를 조절하기 때문인 것이다. 듣기 연습이나 발음교정 때 가장 신경 써서 공부해야 할 부분은 단어의 악센트와 문장의 강세에 관한 것이다.

이러한 6가지 부분에 대해 신경을 쓰면서 연습하면 한국인의 영어 발음문제는 자동으로 해결된다. 영어 발음을 원어민에게 배울 필요가 없는 구체적인 이유는 다음과 같다.

첫째, 원어민은 한국말과 영어의 구조적 차이점을 모르기 때문에 한국말과 영어발음을 비교해서 알기 쉽게 원리를 가르쳐 주지 못한다. 그래서 그들은 무조건 입으로만 떠들면서 따라 하라고 하는 것이다.

둘째, 원어민의 입모양만 보고 그 수많은 영어단어들을 언제 익힐 것인가? 평생 따라다녀도 모자란다. 그러므로 최고의 영어 발음 선생은 연음과 축약의 발음 원리를 깨우쳐서 사전의 발음 기호를 정확히 읽을 수 있는 능력을 키우면 되는 것이다.

7) 외국인에게 발음 배우려 하지 마라

외국인에게 발음을 배우면 쉽게 배울 것 같지만 그들은 한국어의 소리가 나는 발성구조를 일단은 모른다. 그래서 영어의 소리가 나는 구조가 혀의 위치와 턱의 높이 등에 따라 틀리게 나는 원리를 한국인들에게 쉽게 설명조차 하지 못하고 무조건 그들의 입모양만 보고 따라 하라고 한다.

그러나 더 이상 영어 발음을 걱정할 필요가 없다. 간단한 발음법칙을 알고 사전 발음기호 읽는 법만 터득하면 발음걱정은 순식간에 해결된다. 최고의 발음선생님은 영어 사전 속에 담겨 있는 발음기호 속에 모든 비밀이 숨어 있다.

원어민들도 수없이 틀리는 영어 발음에 주눅 들지 말라.

발음 원리와 법칙(연음법칙과 경음법칙, 턱의 위치, 혀의 위치)만 정확히 알고 사전에 나와 있는 발음기호들을 정확히 읽을 수 있으면 두려워할 이유가 전혀 없다.

더 이상 돈 낭비, 시간 낭비하지 말고 연음과 축약의 발음법칙과 원리를 공부하는 데 시간을 쏟아야 하는 이유가 여기 있다. 이러한 원리를 깨우치지 못하면 아무리 테이프를 들어도 잘 들리지 않을 뿐만 아니라 원어민과 얘기할 때 자신의 발음에 대한 확신이 없기 때문에 자신 있게 내뱉지 못한다.

"The boys might have been(마이르빈) playing the games."

boys, play, games의 공통점은 명사와 동사로서 문장의 의미를 전해 준다는 것이고, 그 외의의 단어들인 might have been(마이르빈)은 단지 문장을 문법에 맞게 만들어 주는 '역할'을 한다는 것이다. 영어 특유의 리듬과 박자는 바로 이들 의미어에 강세를 줌으로써 생기는 것이다.

이 리듬을 잘 타려면 '의미어'는 박자에 맞춰 발음하고, 의미어 사이에 오는 '역할어'는 꾸밈음같이 빠른 속도로 말해야 한다.

그러므로 영어 문장을 유창하게 말하기 위해서는 의미어와 역할어를 정확히 구별할 수 있어야 한다.

- 의미어(문장의 의미를 전해 주는 역할) = 명사, 본동사(be 동사 제외), 의문사, 형용사, 부사, 부정어
- 역할어(문장을 문법에 맞게 만들어 주는 역할) = 관사, 대명사, 전치사, 접속사, 조동사

I can do it.
→can은 조동사이다. 그래서 '큰'으로 발음한다.
I can't do it.
→부정어는 의미어이다. 그래서 '캔'으로 발음한다.

지칠규

경희대학교 체육대학원에서 무도철학을 전공하고 「태권도 수련문화의 철학적 구성 원리」라는 논문으로 박사학위를 취득했다. 현재 한양대학교 사회교육원과 경희대학교 국제캠퍼스 겸임교수로 재직 중이며 국기원 지도자 연수원 인문과학 연구원으로도 왕성하게 활동하고 있다.

원래 우리의 국기인 태권도 철학을 전 세계로 전파하기 위한 필요성 때문에 수백 권의 영어책을 섭렵하였다. 그러던 중 10년을 배워도 말을 못하는 한국 영어교육의 고질병이 동사들을 제대로 배우지 못한 결과라는 사실을 발견하고 영작 시 문장의 나침반 역할을 하는 동사다발 연구에 수년 동안을 매달렸다.
그리고 필자가 개발한 신개념의 동사다발을 가지고 수원대학교, 한양대학교, 경희대학교 등에서 7년 동안 강의해 오면서 대학생들과 일반인들을 상대로 동사다발을 가르친 결과 수강생들로부터 매우 재미있고 쉽다는 호평을 얻었으며 지금도 누구나 쉽게 배울 수 있는 영어 학습법 개발에 몰두하고 있다.

또한 한국 영어 교육에 유쾌한 반란을 일으키자는 취지로 국회 동시통역사, 영어 베스트셀러 저자, 유명 영어 학원 강사, 대학교수들과 함께 2010년 3월 1일에 공동으로 결성한 Coup English(쿠데타 잉글리쉬) 영어 연구소 소장으로도 활동하고 있으며, 국제 무도 사범영어 연수원 원장도 맡고 있다.

『인생의 챔피언을 탄생시키는 무도철학』 (1-3권)
『영어의 달인을 만드는 비밀노트』 (1-4권)

한국 최초로 5형식 문법을 2시간이면 누구나 손쉽게 깨우치는 5형식 입체 블록 특허를 냈으며 중국과 일본도 국제특허를 진행 중이다.

www.쿠데타잉글리쉬.com

TEACHING
THE ENGLISH **1** 기초편
TO 글로벌 태권도 사범을 위한 영어교수법
GLOBAL
TAEKWONDO

초판인쇄 | 2011년 10월 12일
초판발행 | 2011년 10월 12일

지 은 이 | 지칠규
펴 낸 이 | 채종준
펴 낸 곳 | 한국학술정보㈜
주   소 | 경기도 파주시 문발동 파주출판문화정보산업단지 513-5
전   화 | 031) 908-3181(대표)
팩   스 | 031) 908-3189
홈페이지 | http://ebook.kstudy.com
E-mail | 출판사업부 publish@kstudy.com
등   록 | 제일산-115호(2000. 6. 19)

ISBN   978-89-268-2721-5 04740 (Paper Book)
        978-89-268-2722-2 08740 (e-Book)
        978-89-268-2719-2 04740 (Paper Book Set)
        978-89-268-2720-8 08740 (e-Book Set)